二〇二五年、
日本は再び甦《よみがえ》る兆《きざ》しを見せるであろう。
二〇五〇年になったら
列強は日本の底力を認めざるを得なくなるであろう。

森信三

発刊によせて

「一眼は遠く歴史の彼方《かなた》を　そして一眼は脚下《きゃっか》の実践へ」――。

哲学者・森信三師の言葉である。歴史の流れを見つめつつ、我はどう生くべきかを考え、日々の為すべきことを実践していく大事さを説いている。その意味で、本誌には忘れられないことがある。ヤナセの梁瀬《やなせ》次郎氏から聞いた話である。

昭和二十年、第二次大戦敗戦。日本は都市という都市が空爆を受け、全土が焦土と化した。その敗戦から僅《わず》か十九年後の昭和三十九年、日本は新幹線を走らせ、高速道路を建設し、東京オリンピックを開催した。このことについて、梁瀬氏は親しくしていた元総理の吉田茂氏から質問されたという。

「梁瀬君、日本は何の資源もない国だ。その国がたった十九年でこれだけの復興を遂げたのはなぜだか分かるか」

梁瀬氏は即答できなかった。元総理は言った。

「日本には何の資源もないが、たった一つだけ資源があった。それは日本人の勤勉性という資源だ」

梁瀬氏は思わず膝《ひざ》を打って納得したという。

この話は渡部昇一氏の言葉を思い出させる。

「どんな国難が迫ってきたとしても、日本人のアイデンティティーが確立されていれば、怖いものはない。言ってみれば、アイデンティティーをなくすことが最大の国難なのである」

では、日本人のアイデンティティーとは何か。渡部氏は「皇室」だと言っている。同感である。本書ではそれに加えて、日本人の勤勉性を挙げたい。勤勉性は誠実、忠誠心と一対である。この勤勉性という大事な資質を失わない限り、日本はどんな国難も乗り越えていける、と確信するのである。

もう一つ、深く心に残る言葉を挙げたい。晩年の森信三師から弟子の寺田一清《いっせい》氏が聞いたという言葉である。

「二〇二五年、日本は再び甦《よみがえ》る兆《きざ》しを見せるであろう。二〇五〇年になったら列強は日本の底力を認めざるを得なくなるであろう」

予言めいた言葉を聞いた時、そうかなと疑う心と、そうあって欲しいと願う心が交錯した。会社は放っておいたら潰《つぶ》れる。病気になるからである。だから、絶えず手当てをしていかなければならない。国も同じである。

以前、ある識者から、この六十年間で約百八十の国が消滅していると聞き、驚いたことがある。国もその国を国たらしめているものを守ろうとする気概を国民がなくした時に滅びるのである。心したい。

森師のこの言葉が現実の問題として心に迫ってきたのは、一昨年（令和五年）の十一月、北海道札幌市で開かれた「北海道社内木鶏経営者会合同木鶏会」の時である。『致知』をテキストに感想を発表し合う会だが、一般参加者四百人に加え、学内木鶏を導入している札幌日大高校野球部と札幌藻岩《もいわ》高校野球部の高校生約百人が参加、会場はかつてない盛り上がりを見せた。

就中《なかんずく》、高校生たちが『致知』を読んだ感想を、顔を紅潮させて発表する姿は大きな感動を呼んだ。『致知』の人間学の普及は、必ず日本を甦らせる力になる。そう確信した。同時に思ったことがある。彼ら高校生はいま十六、七歳。二十五年後には四十一、二歳になる。いま十歳の小学生も二十五年後には三十五歳。いまの十代の世代が社会の中枢を担う年に、日本を森信三師の言うような大国にするためには、いま社会の中枢を担っている我々は何をしなければならないのか。

それを各界のエキスパートの方々と共に考えてみたい、というのが本書の趣旨である。その道の大家十五人がそれぞれの立場で日本の進むべき道を指し示してくれている。いずれも貴重な意見である。本特集が二十五年後、日本をして列強がその底力を認めざるを得なくなるような国にするための一助となることを願うものである。

最後に、古《いにしえ》の先哲の言葉を付記しておきたい。

「一年の計は穀を樹《う》うるに如《し》くはなし／十年の計は木を樹うるに如くはなし／終身の計は人を樹うるに如くはなし」（『管子《かんし》』）

一年の計は米穀を、十年の計は木を、百年の計は人を育てることが大事、という教えである。

日本を甦らせるための〝要《かなめ》〟となるのは、やはり教育である。

知識や技能を教える教育も大事だが、それ以上に大事なのは人間の心を高め、人間の徳性を養う教育、即《すなわ》ち人間学の教育である。人間学の教育を幼児から小・中・高生を対象に全国規模で実施、推進していくことこそ、喫緊の課題である。この課題を国民運動として成し遂げていきたい、と切望するものである。

フランスの詩人ポール・クローデルは一九二一（大正十）年から一九二七（昭和二）年まで駐日大使を務めたが、日本の敗戦が濃くなった一九四三（昭和十八）年、友人のポール・ヴァレリーに言ったという。

「日本は貧しい。しかし、高貴だ。世界でどうしても生き残ってほしい民族を挙げるとしたら、それは日本人だ」

令和七年、二〇二五年、森信三師の言う日本が再び甦る兆しを見せる年、折しも干支は「乙巳《きのとみ》」。旧来の陋習《ろうしゅう》を打ち破り、日本をクローデルが讃《たた》えたような国に立ち戻らせるべく、各位、信念を持って一歩を踏み出す年としたい。

令和七年二月　監修・発行人　記す

もくじ

発刊によせて……3

【対談】
櫻井よしこ（国家基本問題研究所理事長）
中西輝政（京都大学名誉教授）
二〇五〇年の日本を考える……12

【提言】
藤原正彦（お茶の水女子大学名誉教授）
明治に学ぶ二〇五〇年の日本をひらく道
～日本を凛とした国にするために～……44

【各界の識者に聞く①】ジェイソン・モーガン（麗澤大学国際学部准教授）
日本再興は英霊の心にある……70
【各界の識者に聞く②】藤井 聡（京都大学大学院教授）
国土強靱化で日本は再び輝く……80
【各界の識者に聞く③】吉村 和就（グローバルウォータ・ジャパン代表）
水を制する者は国家を制する……90
【各界の識者に聞く④】涌井 徹（大潟村あきたこまち生産者協会会長）
日本の農業のあるべき姿……100
【各界の識者に聞く⑤】齋藤 孝（明治大学文学部教授）
日本語なくして日本人なし……110

【対談】
月尾　嘉男（東京大学名誉教授）
坂村　健（ＹＲＰユビキタス・ネットワーキング研究所所長）
日本の技術に未来はあるか……120

【対談】
織田　邦男（元航空自衛隊空将）
番匠　幸一郎（元陸上自衛隊陸将）
日本の防衛はこれでいいのか……150

田口　佳史（東洋思想研究家）
北　康利（作家）
【鼎談】
横田　南嶺（臨済宗円覚寺派管長）
二〇五〇年　日本を富国有徳の国にするために……174
～我が国から勤勉・修養の精神をなくしてはならない～

※本書は月刊『致知』二〇二五年二月号・特集に掲載された記事を収録しました。記載の内容はいずれも本誌発行当時のものです。

装幀——秦　浩司
本文デザイン——フロッグキングスタジオ
写真——齊藤文護（44頁、120頁）
菅野勝男（12頁、150頁）
藤谷勝志（110頁）
元木みゆき（174頁）
山下　武（80頁、90頁）

［対談］

二〇五〇年の日本を考える

中西輝政

京都大学名誉教授

なかにし・てるまさ―昭和22年大阪府生まれ。京都大学法学部卒業。英国ケンブリッジ大学歴史学部大学院修了。京都大学助手、三重大学助教授、米国スタンフォード大学客員研究員、静岡県立大学教授を経て、京都大学大学院教授。平成24年退官。専攻は国際政治学、国際関係史、文明史。平成9年山本七平賞・毎日出版文化賞受賞。14年正論大賞受賞。著著多数。近刊に『シリーズ日本人のための文明学2 外交と歴史から見える中国』（ウエッジ）。

皇紀二六八五年、初代の神武天皇ご即位から悠久の歴史を紡いできた我が国日本。本年は戦後八十年の節目でもある。哲学者・森信三師は「二〇二五年、日本は再び甦る兆しを見せるであろう。二〇五〇年、列強は日本の底力を認めざるを得なくなるであろう」との言葉を遺した。これからの四半世紀、日本が世界のモデルケースとなるために大切なことは何か。山積する内憂外患をいかにして乗り越えていけばよいか。櫻井よしこ氏と中西輝政氏の対談を通じて考察したい。

櫻井よしこ

国家基本問題研究所理事長

さくらい・よしこ―ベトナム生まれ。ハワイ州立大学歴史学部卒業後、「クリスチャン・サイエンス・モニター」紙東京支局勤務。日本テレビニューススキャスターなどを経て、現在はフリージャーナリスト。平成19年に国家基本問題研究所を設立し、理事長に就任。23年正論大賞受賞。24年インターネット配信の「言論テレビ」創設、若い世代への情報発信に取り組む。著書多数。最新刊に『暴虐国家 習近平の中国』（共著／ワック）。

政治責任を果たしていない日本の総理大臣

櫻井　中西先生、きょうはどうぞよろしくお願いします。お会いするのは一年ぶりですね。

中西　そうですね。櫻井先生とは『致知』の対談でお目にかかるのがすっかり恒例になりました。

櫻井　『致知』はいつも素晴らしい企画をなさり、熱心な読者がたくさんいらして、ものすごい求心力だなと感じています。

中西　今回は「二〇五〇年の日本を考える」というテーマですが、それにはまず日本の現状から話を進めるべきだろうと思います。

九月末に行われた自民党総裁選の結果、意外なことに石破政権が誕生しました。しかし、ご承知の通り、その一か月後の総選挙で自民公明両党合わせても過半数を下回った。これは石破さんが掲げた「最低ライン」の公約に達しなかったということですよね。

ここで問われるのは、政治責任が一番重いはずの総理の出処進退です。せっかく早期の総選挙に打って出たのに過半数に届かなかった時点で国民の信任を失っているわけですから、即辞任して当然でしょう。「憲政の常道」という言葉が大正時代からあるように、それが政治家としてのあり方、責任の取り方だと思います。
そもそも総裁選の時に、「国会で野党とも十分議論をしてから解散する」と言っていたのに、実際には戦後最速の解散をやっちゃった。それ以外にも、いわゆる「政治と金」の問題で収支報告書に不記載のあった議員を非公認にしたり、公認しても比例重複を認めなかったりと非常に冷遇しました。

櫻井 酷《ひど》い対応でした。

中西 ですから私は日本の現状において一番深刻な問題は、ちょっときつい言い方になりますけど、政治のトップに立つ人がどうも普通の責任ある社会人としての行動基準に達していないことだと。

櫻井 全然きつくないんじゃありません？（笑）

中西 そうですか（笑）。いずれにせよ、ここはしっかりとけじめをつけてもらわないといけませんね。

加えて後からお話が出ると思いますが、周辺国の情勢に目を向けると中朝露が一体化し、殆《ほとん》ど全体主義の「三国同盟」のようになってきている。そういう危機の中で日本のトップのあり方、これは現状の諸問題の中で最も深刻だと思います。早期に総理を退いてもらわないと困りますよ。

石破内閣が一日続けば日本の国益が一日損なわれる

櫻井　『致知』の読者や心ある日本人にとって大事なことはやっぱり道徳とか道義ですよね。自分の命や利益よりも家族や社会の公益がとても大事だと認識して、日々暮らしておられると思うんです。その観点から見て、これほど裏切りに満ちた総裁はかつていなかったのではないでしょうか。

第一に非常に困るのは、彼は自分の姿を客観的に見ることができない。だから、自民党の歴史的大敗は自分のせいではなく、「政治と金」の問題があったからで、それはとりわけ安倍派の責任だと決めつけているわけですね。

確かに政治資金規正法違反というのは決して褒《ほ》められたことではありません。でも、よくよく考えてみたら野党にも不記載の議員はいました。にも拘《かかわ》らず、自民党、とりわけ安倍派に非難が集中した。石破さんにとってそれはこれ以上ない大義の旗となったわけです。

ですから選挙戦に当たっても、『朝日新聞』が最初に使い始めた言葉に乗じて、不記載議員を裏金議員と呼び、それを錦《にしき》の御旗《みはた》のように使った。いわゆる裏金議員をきつく罰すれば罰するほど、国民は自分を支持してくれるに違いないと考えて、先述の通り考えられないような処分をしました。

他にも、原発を限りなくゼロにしますと言っていたのが、原発もやりますと変わった。選択的夫婦別姓も賛成ですと言っていたのが、慎重に考えると。政策自体はいずれも国益に資する転換ではありますが、百八十度変わっている。

中西　朝令暮改も甚《はなは》だしいですね。

櫻井　しかも平気な顔で。そういう姿に国民は失望したと思うんですね。だからこそ自民党は前回から七百万票も減らして五十六議席の減少と大敗した。じゃあ立憲民主党がよかったかというと、立憲も六万票減らしたんです。でも、議席は五十も増えた。これは要するに、自民党の票が国民民主党や日本維新の会、日本保守党に分散し、相対的に立憲が勝ってしまったわけですね。ですから国民は立憲を支持したわけではありません。

石破内閣がやっていることはすべて私たちの期待とは正反対のことで、日本としての価値観も歴史観も戦略性もない。エネルギー政策も安全保障政策も経済政策も分かっていない。本当にこの石破内閣が一日続けば、日本の国益が一日損なわれるということで、一日でも早くお辞めになるのがよいと思っているんです。

萩生田光一さんの選挙応援に入った理由

櫻井　今回の選挙戦で、私はこれまでの自分の枠を破って、初めて選挙応援に入りました。もともと選挙日程が決まる前、十月下旬に萩生田《はぎうだ》光一さんや鈴木英敬《えいけい》さんら保守議員たちと一緒にチベットを訪れ、ダライ・ラマ法王様にお会いする計画を立てていたんです。

中西　そうだったんですか。

櫻井　我われの最大の敵は中国です。その中国と対峙《たいじ》する枠組みをつくる上で大切なのは価値観だと。その象徴がダライ・ラマ法王様ですね。ダライ・ラマ法王様は八十九歳と高齢でいらして、中国共産党は法王様が亡くなるのを待っているんです。で、次のダライ・ラマ法王を中国共産党が選び育てることで、チベット仏教を壊滅させたいと思っている。

それに対して、欧米諸国は中国共産党が選ぶダライ・ラマ法王は認めないと議会で決議しているんですが、日本国はそこまで進んでいない。ぜひそこまで踏み込みたい。そういったことも視野に入れつつ、とにかくダライ・ラマ法王様をお訪ねしましょうと。

ところが、それが選挙で流れてしまい、ちょうど一週間、スケジュールが空いてしまったんです。それで、萩生田さんのところに私は初めて選挙応援に入ることができました。

選挙カーの上で演説もしました。なぜそうしたか。いま日本国が必要としているのは価値観なんだと。暗殺された安倍晋三元総理の価値観を引き継いでいくことがこれからの日本にとって非常に重要だと考えたからなのです。

中西　萩生田さんは安倍さんの遺志を最も忠実に受け継いでおられる方だと私も見ています。

櫻井　中西先生のお考えに、私も同感です。そして日本国の価値観をいまここで大事にしなければ、我が国は本当に滅びるだろうという危機感に突き動かされたんです。

二つの政策に見る間違った安全保障観

中西　きっと国民の多くは石破茂という政治家に対して、防衛問題に詳しい「オタク」というイメージを持っていたと思います。だからこの人は決してリベラルや左派ではなく、安全保障の重要性をよく分かっている、しっかりした保守の価値観を持った人だろうと。

ところが、実際にはどうだったでしょうか。激化する中国の覇権主義の動きにどう対峙《たいじ》するかということが現下の日本の大問題ですから、いまは何をおいても日米同盟をはじめとして日米間の距離を縮めなきゃいけない。その時に、「日米地位協定改定」という日米離間のリスクを孕《はら》んだ問題を持ち出してきた。確かに、日米はすべてにおいて対等にならなければなりません。しかし、これはソ連が崩壊し、中国が天安門事件で世界から孤立して大いに弱体化していた時期だったら、提起する価値が十分あったと思いますよ。

だけど、このタイミングで彼はそんな政策をアメリカの有力シンクタンク・ハドソン研究所に寄稿した。これは手違いとか表現が足りないとかいう話ではなく、石破さんの信念なのでしょう。

櫻井　そうですね。あの論文を書いたのは石破さんの外交ブレーンを務める川上高司という内閣官房参与です。石破さんは周囲の反対を押し切ってこの人をアメリカに派遣したんですって。けれど彼は、米国側の有力な人々に殆ど会うことができなかった。その中で会った数少ない人物に、防衛費をＧＤＰ比二％に増やすことを日本は約束しているけれども、それを二・五％にすると言った。そうしたら鼻で笑われたといいます。

トランプ氏の性格からして三％とか四％にすると言うならまだ分かる。しかしそれ以前に、この防衛費増額の話はいま約束している二％分の財源だってどうするのかまだまだ議論されていない。足元が覚束《おぼつか》ない中で二・五％を約束するわけですよね。こんな愚かなことをするのかと。

中西　これはやっぱり鳩山由紀夫さんと同じような安保観を持っている人なんだなと。私はその時にはっきり気づきました。

櫻井　私も例のアジア版NATO構想を読んで、石破さんと鳩山さんは同じだと思いました。

中西　ええ。石破氏の「アジア版NATO」構想が恐ろしいのは、当初彼は中国も参加していいという前提で喋《しゃべ》っていた時があることです。その後、言及しなくなったそうですけれども、中国も参加させてアメリカの存在を薄めるという「隠された思い」があるのかもしれません。だから、「これはいかん」ということで、初めは石破さんの周りに集まっていた政治家たちが離れていった。

総裁選の前に石破さんは超党派で台湾に行っていますよね。現防衛大臣の中谷元《げん》さん、現首相補佐官の長島昭久さん、それから国民民主にいた前原誠司さんらと共に。

この時節ですから、中国の脅威を前提にして日台の安保協力をもっと進めていく方向に話をするのだろうと思いました。ところが、日本のマスコミはあまり報道しなかったけれども、台湾の人たちに聞くと「期待外れだった」と。

櫻井　石破さんたちは頼清徳《らいせいとく》総統と会談をしましたね。その時に何とアジア版NATO創設の話を頼総統に持ちかけたんです。

中西　あの時に出したんですか。センスを疑いますね。

櫻井　そうなんです。それで頼総統が驚いて、石破さんの発言を無視して他の日本の議員に全《まった》く別の話題を振ったんですよ。台湾の人に言わせるとそれは、そんなことは聞くのも嫌だという拒絶の意思表示です、と。

それはそうですよね。もしアジア版ＮＡＴＯを台湾と日本が一緒に考えましょうなんてことになったら、中国に侵略の口実を与えてしまいます。いま台湾政府は中国に対して細心の注意を払って舵《かじ》取りをしているわけです。そこへ日本の次期総理になるかもしれない政治家がアジア版ＮＡＴＯなどと言ったら、台湾側はもう無視するしかありません。

この禍をいかに転じて福と為すか

櫻井　この政治的センスのなさと戦略的な考察ができない無能さ。どこから見ても全く評価できないのがいまの政権ですね。

中西　この政権が続くこと自体が日本の禍機《かき》ですね。この禍《わざわい》をいかに転じて福と為すか。一説には永田町では三月に予算が通ったら、早々にこの人には退いてもらう、という話が広がっていますよね。

櫻井　中西先生、でも三月って、まだ数か月も先でしょう。そんなに長く任せて大丈夫なのかって。

中西　確かに大変気懸かりです。

櫻井　いま予算委員長が立憲民主党の安住淳《あずみ》さんで、法務委員長が立憲民主の西村智奈美さん、憲法審査会会長が立憲民主の枝野幸男さん。大事なところを立憲民主に全部取られているんですよ。そうすると例えば、予算を通してやる代わりに選択的夫婦別姓を認めなさいといったように、これを妥協しろ、あれを妥協しろと。野田佳彦《よしひこ》さんは女系天皇派ですよ。だから、石破さんと野田さんの思惑が変なところで一致して、国家の根本的なところを変えられてしまう危険性があると思うんです。

中西　本当に恐ろしいことですね。

櫻井　実は私も最初、皆が言うように三月末の本予算成立後の総裁交代がいいのかなと思っていたんです。でもいまは全然違う。臨時国会で補正予算を通したら、一月に通常国会が始まるまでの間に、自民党有志が両院議員総会を開いて石破さんに辞任を突きつけるべきだと思います。

中西　確かに永田町の常識が古すぎるんです。要するに、三月に本予算さえ上がったら、トップの首をすげ替えてもいいと。この発想なんだと思いますけど、櫻井先生がおっしゃる通り、対外関係を考えても、補正予算成立時がギリギリのタイミングかもしれません。一月二十日にはアメリカの政権が交代し、トランプ氏がホワイトハウスに入りますからね。それはもう矢継ぎ早に日本に対していろいろな要求が来ますよ。だから、確かに三月末では遅すぎます。

臨時国会が終わった時点で自民党内の心ある議員がやっぱり声を上げなければいけませんね。その先頭に立つべきなのは、やっぱり私は高市早苗《さなえ》さん、あるいは萩生田光一さんだと思います。小林鷹之《たかゆき》さんも当然その後に続いてもらわなきゃいけない。「政治と金」の問題で役職停止処分を受けていますから時間がかかるかもしれないけど、萩生田さんの出番を待っている人は多いんですよ。

櫻井　私もその一人です。

中西　いま申し上げた方々がここで立ち上がれば、狼煙《のろし》は上がると思います。

櫻井　ただ、果たして自民党議員たちが立ち上がるかどうか。これは分かりません。というのも自民党の中にまだ危機感が十分あるとは思えないんですよ。

私は国家基本問題研究所（国基研）で中国研究にずっと力を入れてきました。この頃は衛星画像が比較的安価に手に入りますので、画像分析の専門家を入れて、中国の人民解放軍の動きが各地でどうなっているかも調べています。

非常に興味深い結果が多々出ました。もうディテール（詳細）に入ったら五時間くらい話せるんですけれども、衛星画像情報の示すことをひと言で言えば、中国は極めて綿密《めんみつ》に、重層的に、高度の軍事技術を使って台湾と日本を攻める手立てを整えている。恐るべきことなのです。

トランプ氏は第一次政権の時に北朝鮮が核を持っているんだから、韓国も日本も自前の核をつくるべきだと言いましたよね。

中西　就任前でしたが、確かに明言しました。

櫻井　今回もきっと同じようなことを言うに違いないと思うんです。つまり、アメリカとの同盟関係は非常に重要だけれども、日韓ともにそれだけに頼っていては国が滅びる危険性があるというのがいまの局面です。

その時に我われはどうやって日本を守るのかを真剣に考えなければいけないわけです。国基研ではこういう問題について政治家を集めて勉強会を開いています。そこに来ている人たちはどんどん吸収していますけど、その他の多くの政治家、メディア、国民はこうした事柄を認識していなくて、平和ボケというのか、幸せすぎて何も準備する気持ちがない。

最大の敵・中国は既に綻び始めている

中西　いま中国軍の動きについて話が出ましたけど、中国がこの十数年、のしかかってくるような、日本にとって本当に大きな脅威になっている。これが今後、長期的にどうなるのか。この点でも二〇五〇年までの今後二十五年というスパンで考えることは非常に意義があると思います。いまの膨張する中国はとても二十五年は持たない、と私は思いますが、それまでどう対峙するかが大事です。

櫻井　これからの四半世紀というのは、日本にとって非常に大きな意味を持つ期間です。日本がしっかりしていれば、大いに指導力を発揮できる二十五年間になるでしょうし、私はそれを目指したいと思っています。

中西　確かに中国は脅威ではあるけれども、決して敵し得ない強大な相手ではない。大敵であることは間違いないですが、実はあちこちに大きな弱点があって、既に経済成長もストップし始めました。習近平体制は長持ちしないという兆候がはっきり見えてきましたね。つまり、習近平政権は今後十年、つまり二〇三五年まではとても持たないと思います。

櫻井　既にアメリカ一強の時代が過ぎたのは皆認識している通りです。しかし、アメリカはそれでもしばらくは世界最強の国であり続けるだろうと思います。その中で、最大の敵である中国の力をよく見るといまご指摘されたように、既に宿命的な綻《ほころ》びがあるんです。

例えば、中国の軍事力を支えるのは経済力ですよね。中国の二〇二四年一～九月までの経済成長率は四・八％で政府目標を下回り、陰っているにも拘らず、核兵器の増産に力を入れ、五百発保有する核弾頭を二〇三〇年までに倍増させようとしています。『産経新聞』の特別記者で国基研の研究員でもある田村秀男さんに教えてもらったのですが、中国の金融・経済はアメリカ次第だというんですね。

アメリカの金本位制がニクソンショックで崩れてしまい、今度は石油の取引をドル建てのみで行うペトロダラー体制を築くことで、基軸通貨としてのドルの信頼性を担保しました。一方、中国は準ドル本位制で米ドルを担保にして、中央銀行が保有するドル資産に応じて人民元を発行する。だから、中国の経済成長はどんどん流入する外貨に支えられていた。中国へのドル投資が増えれば、中国中央銀行はそのドルに見合うだけの人民元を刷って、国内市場に回す。国内に流通する人民元は飛躍的に増えて好景気になったわけです。

それがいま諸外国からの新規投資がマイナスになっている。二〇二三年の中国への外国直接投資は前年比八十％以上も減少しています。そのグラフを見て、私はその落ち込みの大きさに驚きました。中国中央銀行はもはや大量の人民元を刷ることができないわけですよ。これがいまの不動産バブルの崩壊を引き起こし、学生の失業率も高まって、とうとう政府が発表することをやめてしまいました。

中西　二〇二三年六月に二十一・三％と過去最高水準に達し、最近も十七〜十八％で推移しているようですね。

二〇三五年が世界の大きな曲がり角

櫻井　たとえ数字が発表されても、中国人自身が中国政府を信じていません。富裕層をはじめとして海外に資金をどんどん移していますよね。直近一年で二千五百四十億ドル（約三十八兆八千億円）が海外に流出しています。これは日本の年間予算の約三分の一ですし、中国の経常黒字とほぼ同額です。

習近平氏は必死になってこれを止めようとしていますが、国民から信じられていない中国共産党政権の金融経済政策は嫌われ、金持ちであればあるほど海外に資金を持ち出してしまう。中国の実力は弱体化しつつあると思うんです。

中西　いまの経済の苦境を見てもそうですし、二〇二七年までに中国は台湾に侵攻する準備を完了するはず、という議論がワシントンから出ている。これはかなり確実な情報だと思います。そして経済が悪くなると外に出てくる可能性が非常に高いわけです。

櫻井　二〇二七年というのは中国人民解放軍創設百年の節目であり、五年に一度の共産党大会が行われ、習近平氏が四期目に入るタイミングでもあります。

中西　また、中国国内では昨今いろんな殺傷事件が起こっていますよね。あれも中国の社会が歴史的に繰り返してきた、体制転換などに繋がる大きな流動化をし始めた兆候だと思います。

櫻井　中国で頻発《ひんぱつ》している無差別殺人事件、報道されるのは日本人の子供が殺されたとか被害者が何十人だとかそういう大きな事件だけで、全然報道されない類似の事件がたくさんあるそうです。

それだけ国民の不満が鬱積《うっせき》しているわけですね。そうした中で、習近平氏が何をしているかというと、統制をもっと強めて、思想弾圧をしている。子供の時から「習近平おじいちゃんは素晴らしい人だ」と洗脳教育をしている。そういう国が長く続くとは私は思っていません。中国は簡単には潰《つぶ》れない。けれども、中国共産党は必ず潰れると思っています。

中西　二〇四九年に中華人民共和国は「建国百年」を迎えると言っていますが、私は近代において社会主義・全体主義の体制はとても百年は持たないと昔から思っていました。そうしたら案の定、ソ連はロシア革命から七十年余りで崩壊しているんですよね。そして、まさにいま、中国はそのフェーズに入ってきている。

軍備をあれだけ急激に増強する、しかも、陸も海も宇宙も、と全局面で国力を遥《はる》かに超える大軍拡をやっていますが、それ自体、一種の末期症状、衰退現象なんです。歴史を振り返っても、衰退する国家はやっぱり気が狂ったように軍備を拡張していますね。

それから、いま急速に発展しているAI（人工知能）では西側の力が強くなり、再び中国を大きく引き離しています。日本は後れを取っていますが、アメリカやEU諸国のAIの投資額は目を見張るものがあります。アメリカが六百七十二億ドル（約十兆円）で断トツ、二位の中国は約十分の一となる七十七億ドル、イギリス、ドイツ、スウェーデンと続く。

ですから、私はこれからの十年は、二十一世紀の初頭に起こったパワーバランスの変化、つまり中国の強大化とかグローバルサウスの台頭から再び反転する流れが見えてくる。中国やインドなど新興国の発展も二〇三五年には非常に大きな曲がり角が来るでしょう。おそらく中国はこれまでの勢いを大きく失速させて、二十世紀に起こったような動乱の時代に戻っていくと思います。

トランプ第二次政権と中朝露の関係

中西　トランプ政権の誕生によって、アメリカはバイデン政権よりもっと踏み込んで中国の抑止に動いてくれるので、これには大きな期待をしています。ただ、心配なのはトランプ氏自身の気が変わり、台湾を巡って習近平氏と「ディール（取引）」をしたり、アメリカがウクライナ問題と中東問題から手を引いて、プーチンの好きなようにやらせる可能性です。

当然ウクライナ国民やガザ地区の苦境を考えれば、一日も早く戦争は終わってほしいし、西側が無駄なお金をどんどんウクライナ支援につぎ込んでいるのはマイナスですよ。しかし、ここで米欧がロシアの条件を呑《の》んで停戦に入ったら、私は世界秩序が壊れると思います。そうなれば、中国や北朝鮮が暴れ出すでしょう。

既に北朝鮮の兵士がウクライナに送り込まれ、韓国の軍事工作員もたくさんウクライナに潜入していますよね。つまり、ウクライナの戦争が既に東アジアに飛び火しているわけです。そこにロシアが北朝鮮と軍事同盟を結んで、重要な核ミサイル技術などを北に流している。ここでもしウクライナの戦争がロシアに有利な解決になったら、必ず東アジアに跳ね返ってくる。「ロシアの勝利」を見て習近平氏がどう考えるか、もう明らかですよね。

そもそもウクライナよりも台湾のほうが遥かに攻めやすいですから。

いまの日本の議論を見ていると、北朝鮮がロシアに接近することを中国は望んでいないから、結局は仲間割れをするんじゃないかって専門家たちの見方が広がっていますが、それは少し安易な見方ですね。いまや中朝露の三国はがっちりと手を組んだ「悪の枢軸《すうじく》」、つまり強固な同盟関係にある、と見なきゃいけないんです。

櫻井　北朝鮮に関して日本に関係のあることを付け加えれば、拉致《らち》問題です。北朝鮮は本当に食料もお金も足りなくて追い詰められている。ウクライナに派遣された北朝鮮兵の多くは戦死してしまうと思いますけど、それでも派遣して外貨を稼ぐ。金正恩《キムジョンウン》氏は王朝の生き残りのためならば、何でもする構えです。

最近、トランプ氏陣営が米朝首脳会談の可能性を探っているという報道が出ました。トランプ氏がこれまで言ってきた対北朝鮮政策のポイントは何かというと、アメリカに届くＩＣＢＭ（長距離弾道ミサイル）や核兵器はダメだと。そして、それらをアメリカの脅威のない形にすれば、北朝鮮に対する経済的な援助もあり得る。アメリカはびた一文出さないけれども日本が出す。その前提として拉致被害者全員を返しなさいと。

それで金正恩氏は当時の安倍総理に会うと言ったそうです。ところが、ベトナムでの米朝首脳会談で、金正恩氏が核の製造工場の情報を隠していたことにトランプ氏が怒って、昼食も食べないで会談を打ち切りにしました。

中西　「我われは北朝鮮のどこに核の製造工場があるか全部知っているんだ」と。

櫻井　それで今回、金正恩氏は核の製造工場の場所をオープンにしたんです。これはもう諦《あきら》めますというジェスチャーですよね。それでトランプ氏に接触をして、何とか制裁を解除してもらいたいと。

一方、ロシアと軍事同盟を結びましたが、ロシアからは実質的な援助は来ていないんです。経済的に助けてくれそうな国は日本だけ。もしかすると、北朝鮮は背に腹は代えられないということで、拉致問題解決に動くかもしれない。

中朝露の関係は外から見ると脅威ですけど、内情を見ると中国とロシアはある意味、協力の形はつくっていても本質的にはお互いが食い合おうと思っているし、北朝鮮との関係においても全然信用していない。非常に脅威ではあるものの、こちら側の戦略戦術さえきちんと持っていれば、対処できるのではないかと思っています。

中西　私は、日米などの対峙する姿勢が続く限り、中朝露の枢軸は緩むことはないと思います。そしてこの中朝露の全体主義国の枢軸が次の五〜六年で跡形もなく姿を消す、そんなことが望めるとは思えないですね。ただ、この枢軸が崩れるとしたら、各国の国内体制の破綻《はたん》からでしょう。その場合、最初に崩れるのは、私は経済大国になって脆弱性《ぜいじゃくせい》を増した中国だろうと思います。ロシアは資源があるから強い。しかし、ロシアの、これ以上の強大化はあり得ない。

だから今後、日本はそういう生存の可能性を信じて頑張ることが大切です。それを実現するために何より大事なことは、日本人自身の「歴史観の深化」だと思います。

歴史に学ぶ国家盛衰の法則

中西　日本の国民、日本という国は「草の根」の庶民大衆の意識が大挙して動かないと変わらない。明治維新がまさにそうで、「草莽崛起《そうもうくっき》」ですよね。やっぱりそれは日本の歴史を考えても、常に国民の心の深い部分での変化がこの国を変えていく大きな原動力になってきたと思います。

櫻井　おっしゃる通りですね。

中西　例えば日露戦争の時、桂太郎内閣は軍備拡張のために増税に踏み切りました。野党や国民から反対されるだろうが、俺はここで腹を切ってもいいという決死の覚悟で予算を提出する。そうしたら国民が受け入れたんですよ。むしろ海軍の予算などはこれじゃ少ないと言って、政府を叩く自由民権派の議員がいたわけですね。メディアも自発的に「いまはこれだけの危機だから、耐えなければいけない」と国民に訴えた。国民はそれだけロシアの脅威を自らのものとして感じていたわけです。

だから、もうその瞬間に、日本は既にして戦争に勝っていたと私は思います。国民の意識が自然な形でいかに盛り上がっていたか。これも「草莽崛起」ですね。まだ作家になる前の樋口一葉も、自分が女でなかったら戦うといったことを書き残していますね。明治のあの時代、そういう女性は多かったと思います。

櫻井　我が国の歴史を見ますと、幾度も国家的危機に見舞われているわけですね。白村江《はくすきのえ》の戦いとか蒙古《もうこ》襲来の元寇《げんこう》とか。でも、その時々に先人たちは見事に戦って、軍備を増強し、守り切っています。

白村江の戦いの時、我が軍は唐と新羅《しらぎ》の連合軍に滅ぼされた百済《くだら》の応援に入りました。ところが、百済は再び大惨敗し、我が軍は日本に逃げ帰って何をするかと思ったら、軍備を増強したんですよね。

国文学者の夜久《やく》正雄さんが「これは東洋の歴史に残る素晴らしい戦いであった」とおっ

しゃっていましたけど、日本は負けると分かっていて百済支援のために朝鮮に行って、本当に負けて逃げ帰った。けれども、決して屈することなく戦って守るという気迫を見せた。まさに「義の戦い」だと思います。

その姿を見た新羅が唐に「日本へ攻めに行け」と言われた時に、反乱を起こして結局来なかったんですよね。だから、自らの国は自らの力で守るぞとの気概で、力を尽くして戦う姿を見せれば、国家の危機は回避できるということを歴史が教えてくれているんです。そしてどんな時も「義」を忘れないことが大事だと思います。

中西　いまの話に関連して日本人にぜひ知ってほしいのは、現在、世界が直面している戦争の危機に対して、デンマークやスウェーデンやフィンランドなどヨーロッパ中小国の国民がこれまでの平和主義への執着から目覚めたことです。

特にデンマークのフレデリクセンさん、四十七歳の若き首相ですが、彼女はこう言いました。「我われは本当にナイーブに過ぎた」と。しかし、デンマークはNATOの中でも、かなり軍備に力を入れてきた国で、イギリスから見て信頼できる大陸のNATO諸国と言ったら一番にオランダ、二番にデンマークなんです。

櫻井　なるほど。独仏じゃないんですね。

中西　はい。フレデリクセンさんは、ロシアが攻めてきた時にいかにして我われはNATOに貢献できるか、自国をどう守るか、これを同時に考えなきゃならないと。そのための政策として挙げているのが、まず徴兵制。女性も徴兵して国防に当たるべきだと。
それと強調しておきたいのが祝日を減らす。祝日を減らすと働く日数が多くなるのでGDPが増える。それを国防費増に繋《つな》げると。

櫻井　日本では逆に週休三日にしようかという話も出ています。

中西　今回デンマークはなけなしの米国製のF16戦闘機をウクライナに進んで供与しました。つまり精神力を振り絞ってロシアの侵略と戦う、という不屈の覚悟をはっきり示しているんです。繁栄する国家と衰退する国家の差に関して、歴史が教えてくれていると一番感じるのは、どれほど先進国になっても、いざ危急《ききゅう》の時に国民がこの不屈の意志を持っているかどうかですよ。
第一次トランプ政権が発足した二〇一八年、ペンス副大統領のハドソン研究所での演説で、中国に対して我われは戦うぞという意志を示しましたよね。

櫻井　あれは見事な演説でした。

中西　その意味で、アメリカはもしかして二〇五〇年までに、かつての大英帝国のように衰退することはないかもしれません。少なくとも二〇三五年まではアメリカの優位が保たれていたら、中国は急激な下降線を描いていくと思っています。覇権国の交代がいつ起こるか。簡単に言えば、追い上げてくる挑戦国に気を許した時ですよ。

日本人として誇りある正しい歴史観を取り戻す

櫻井　私は最近、アメリカの歴史をもっと勉強しなきゃいけないと思って、米国史の起源を見直し始めました。とりあえず独立宣言を読んだんです。その冒頭に「人間は平等であり、生命・自由・幸福の追求は神から与えられた不可侵の権利」ということが書かれています。その十三年後に出されたフランス人権宣言には、自由や平等という言葉はあるものの、幸福追求権は書いていない。十八世紀のヨーロッパには人間は幸福であり得るという発想はまだなかった。

　そのことをアメリカの有名な政治学者チャールズ・ビアードが対話集の中で解説していて、なるほどと思ったと同時に、私は日本のことを考えました。日本は六〇四年に聖徳太子が「十七条憲法」を書いている。そこには民がいかに安寧《あんねい》で平和な暮らしを続けていけるか、そのために政治を司《つかさど》る者は知恵を働かせなさい、ということが書かれていますよね。

幸福追求権なんて表現はありませんけれども、一七七六年のアメリカよりも遥か千年以上も前に、「人間は幸福でなければならない。そのために政治がある」という考えのもと、それを国是として文章に残したのが日本なんです。こんな立派な国は他にありません。

この考え方はその後もずっと日本国家の基盤となっていて歴史を紡いできた。そのことを日本人にもっと認識してもらって、誇りを持ってほしいと思うんです。

中西　私たちの価値観はこうですと言える自分の立脚点、日本人の生き方を世界の人にもっと自信を持って示していかないといけない。

櫻井　私はそれが日本のリーダーシップを世界に確立する道、人類のモデルケースになる道じゃないかなと。日本はこれからの二十五年間で非常に大きな役割を果たせるし、果たそうと決意すべきだと思うんです。

中西　二〇五〇年に向けて日本の現状をどうすればよいかと考えれば、やっぱり一つは歴史観です。自分の足で立てる歴史観を養うこと。新年は「戦後八十年」を迎えますから、大東亜戦争に対するこれまでの誤った偏見、歴史観をここでどう乗り越えるかですよ。

櫻井　中西先生は戦後七十年談話の有識者会議のメンバーとして、あの時は苦汁を嘗《な》めましたね。

中西　あれは概《おおむ》ね素晴らしい談話だと思います。ただ一点、満州事変以降のところで、「日本は、次第に、国際社会が壮絶な犠牲の上に築こうとした『新しい国際秩序』への『挑戦者』となって」いき、その挙げ句、武力で世界の平和を破壊した、つまり侵略戦争を行ったという趣旨の件《くだり》があるんです。

この点は、史実と異なっているため、私は歴史家として到底承服できないと思い、反対しました。ただ、当時の国内政局や国際情勢を含めた現実政治の中でやむを得ず、あんな文言になったわけで、決して安倍さんの本意ではなかったといまも信じています。だから「戦後八十年」の区切りとして、七十年談話のあの部分はぜひとも上書きしてほしいと思っています。

最近も外務政務次官の生稲晃子《いくいなあきこ》さんが「靖國神社を参拝した」という共同通信の虚偽の報道が「誤報」だったと問題になりました。しかし靖國に参拝したかしなかったか、という議論に終始してしまい、靖國に参拝して「何が問題なんですか」と問う声が、どのメディアからも聞こえてこなかった。こんな有り様ではこの対外危機の中で日本の主権や安全を守り抜くことができません。そこにいまの一番の問題があると思いますね。

櫻井　自民党総裁選で高市さんが靖國参拝すると発言したことについても批判の嵐でした。

中西　私が高市さんを高く評価するのは、さっきの七十年談話のあの部分に反対しておられたことです。靖國問題も含めた戦争にまつわる歴史観を正し、憲法改正を実現しようとする、正統派の保守の政治家が安倍さん亡き後、頑張り始めています。先日、自民党政調会長の小野寺五典《いつのり》さんが一議員の意見として「憲法九条二項の改正ないし廃棄をめざして議論を進めなければならない」と言い始めました。つまり、自衛隊を正式に軍隊として戦力の保持を明記すると。どちらかと言えばリベラル派と目されていた小野寺さんがよくおっしゃったなと思いましたが、これでこそ本来の憲法改正論です。

櫻井　そうなんです。

中西　私たちはいまこそ、日本にひたひたと押し寄せている中朝露の侵攻の脅威に対峙し、世界から孤立しようとするトランプ政権のアメリカを引き止めるためにも、九条二項の改正や廃棄を真剣に議論していく必要があります。

いまこそ目覚めの時　底力を発揮せよ

中西　先ほど櫻井先生がおっしゃっていたように、「義」に生きる日本という原点をいかに世界に示し得るか。そのためにまず我われ自身が「義」という価値観をいかに取り戻せるか。これが二〇五〇年に向けての大きな展望でしょう。

価値観には二つの側面があって、一つは普遍的な価値観。自由とか民主主義とか法の支配といった、世界のどの国でも大切にすべきものです。もう一つは日本独自の価値観。これは先ほどお話にあった聖徳太子の「十七条憲法」、それから明治天皇の「五箇條《ごかじょう》の御誓文《ごせいもん》」。「五箇條の御誓文」の最後に「智識を世界に求め大《おおい》に皇基《こうき》を振起《しんき》すべし」とある通り、神武天皇以来の我が国の縦軸をよく重んじると同時に、世界の情勢を横軸でよく見ていくことが欠かせない。

櫻井　全く同感です。やっぱり私たちは、万世一系で連綿《れんめん》と続いてきた皇室のご存在、神道や仏教や儒教の教え、和の心、武士道など、日本を日本たらしめてきた精神的な価値をいま一度、もっと大事にする必要があると思うんですね。

ＳＮＳで集まった若者が闇バイトに手を染め、高額の報酬目当てにお年寄りを殺傷して強盗する事件が多発していますが、そんなことはかつての日本では考えられなかった。この人たちの価値判断は一体どこにあるんだろうと本当に恐ろしくなります。

いくら立派な歴史が過去にあっても、家庭や学校、企業、あるいは社会全体で教育を変えていかないと、日本という国は未来に存続していけません。もし日本人が日本の歴史を正しく学ぶことができれば、日本社会は一瞬にして変わりますし、世界の国々はいまのインバウンドとは違った形で日本に注目すると思います。

中西 私は日本人が勇気を持ってこの原点に復帰していけば、日本の目覚めは必ず起こると思います。歴史上の事例を見ても、国の存亡が誰の目にも分かるような事態や危機に直面した時、日本人の心が一瞬にして転換し、新しく生まれ変わってきました。これが日本民族の地下水脈に流れる底力ですよ。

櫻井 皇學館大学教授の松浦光修《みつのぶ》先生が非常に面白いことを書いていました。かつて日本民族は平安時代の頃から約八百年間も、神武天皇の陵墓《りょうぼ》がどこにあるか分からなかったそうなのです。それ以前は皆、神武天皇のことは常識として知っていて、その陵墓も綺麗《きれい》に整備されていたはずなのに、平安時代からそれがなくなってしまった。時を経て、幕末に水戸学が発達し、学者たちが研究をして二つの場所が最終的な候補になった。その二つの中の一つを光格《こうかく》天皇が「ここだ」とお決めになったのが、橿原《かしはら》神宮の傍にあるいまの神武天皇御陵だといいます。

神武天皇の陵墓がどこにあるか、八百年も日本人は忘れた時代を過ごしていたけれども、西洋列強が押し寄せる幕末から見事に甦って明治維新を成し遂げていくわけですよね。ですから、翻《ひるがえ》っていまの日本人にも目覚めの時は必ず来るだろうと信じています。

［提言］

明治に学ぶ

藤原正彦

お茶の水女子大学名誉教授

ふじわら・まさひこ―昭和18年旧満州新京生まれ。東京大学理学部数学科大学院修士課程修了。理学博士。コロラド大学助教授などを経て、お茶の水女子大学教授。現在は同大学名誉教授。53年に数学者の視点から眺めた清新な留学記『若き数学者のアメリカ』（新潮文庫）で日本エッセイスト・クラブ賞受賞。ユーモアと知性に根ざした独自の随筆スタイルを確立する。著書に280万部の大ベストセラー『国家の品格』（新潮新書）の他、『国家と教養』（同）『スマホより読書 本屋を守れ』（PHP文庫）など多数。最近著に『藤原正彦の代表的日本人』（文春新書）。

二〇五〇年の日本をひらく道

～日本を凛とした国にするために～

日本の混迷の大本は、日本人が太古の昔から育んできた美質を、欧米崇拝の歴史の中で見失ってしまったことにある――。日本のあるべき姿を長年、提言してきた藤原正彦氏の視点は明確である。そして、明治人たちの生き方に学ぶことは、その美質を取り戻す道でもあるという。藤原氏の提言は、眠っている日本人の魂の覚醒を促すものといってよい。

日本には世界に誇るべき美質があった

「基盤となる形を持たない個性は、新しい思潮に常に圧倒される」

根無し草のようないまの日本の風潮を思う時、かつて文芸評論家の唐木順三《からきじゅんぞう》氏が語ったこの言葉が思い起こされます。

結論的なことから申し上げれば、日本には古来、他のどの国にもない誇るべき美質がありました。それを忘れて欧米の思想や考え方に迎合し飼い馴《な》らされてしまったことが、現代における様々な混乱の一番の要因である、というのが私の一貫した主張です。

欧米の国々が日本の手本とするに足る国家であればまだしも、道徳的に日本に比べてはるかに後れをとる国々を逆に手本としながら歩んできたわけですから、これがそもそもの間違いだったのです。

有史以来、日本は道徳面で世界を圧倒し続けていました。中国の歴史書『後漢書《ごかんじょ》』には「邪馬台国《やまたいこく》には盗みがなく、嘘をつかない正直な人たちが住んでいる」という趣旨のことが記され、十六世紀に宣教のために日本に来たフランシスコ・ザビエルや、十七世紀に来日し『日本誌』という本を書いた医師エンゲルベルト・ケンペルは共に「日本人は非常に正直であり、道徳的に世界のどの国よりも上だ」といった言葉を残しました。幕末、明治期に日本を訪れた外国人たちもまた、異口同音に日本人の道徳性の高さを称賛しています。

では、それほど精神性が高かった日本人がなぜこのような体たらくになったのでしょうか。その大本を辿《たど》ると約二百年前、アジアに吹き荒れた欧米の帝国主義、植民地主義に向き合う中で、本来の日本精神をいつしか忘れてしまった日本人の未熟さに行き着きます。

明治維新後、日本人は文明開化をして欧米の科学技術を取り入れ富国強兵を果たさない限り、清や東南アジアのような植民地になってしまうと恐れていました。西洋の政治や科学技術に通じ、文明開化を先導した福沢諭吉も、その根底にあったのは、いかにしたら日本は植民地化から免《まぬか》れることができるかということでした。

当時の日本の学問は、ドイツの数学者・ライプニッツが行列式を発見する十年前に関孝《せきたか》和《かず》が発見し使っていたことから分かるように、和算は世界的に見ても秀でたものでした。半面、物理、化学、哲学といった学問分野は無に等しく、これらの遅れを取り戻し、欧米に並ぶことに皆躍起になっていました。植民地化を回避するためにナショナリズムの道を突き進んだのも、日本の独立自尊のためにはやむを得ない選択だったのです。

欧米列強には、アジア、アフリカ、中東、南米などにある有色人種国の植民地化を正当化する論理がありました。「劣等民族に統治を任せていたら、殺人や賄賂《わいろ》が蔓延《まんえん》し滅茶苦茶な国になってしまう。だから優秀な我われ白人が統治してあげる」という実に〝親切な〟論理です。論理は所詮《しょせん》、自己正当化にすぎません。その裏には劣等民族をとことん搾取《さくしゅ》し、言いくるめて貿易でひと儲けしようという野心しかありませんでした。

だが、日本の勤勉性や道徳性、識字率の高さに触れた彼らは、日本に限ってはこの論理が通用せず、植民地化は不可能であると気づきました。日本に上陸してみると、江戸の庶民が本屋で立ち読みをする姿を見たからです。江戸末期の日本人の識字率は九十%を超え世界でダントツだったのです。

西洋思想に飼い馴らされた日本のインテリたち

富国強兵、殖産興業《しょくさんこうぎょう》の道を歩む日本にとって明治二十（一八八七）年は一つの節目と言えるかもしれません。この年に生まれた人たちが成人を迎える頃を境に、日本は大きく変わっていきました。

その最たる例が、明治三十九年、旧制一高（現・東京大学）の校長に新渡戸稲造《にとべいなぞう》が就任したことです。新渡戸は明治三十二年、日本文化を世界に知らしめるために『武士道』を英語で著《あらわ》し、世界から注目を集めました。

ところが、新渡戸は一高の校長に就任するや、それまでの武士道や儒教教育を廃止し、欧米式の学問に切り替えるのです。南部藩士の家に生まれ育った新渡戸にとって武士道精神は至極当たり前のことであり、あえて一高の生徒に教えるほどのものではない、むしろ欧米の文献こそ学ばなくてはいけない、というのが彼の考えでした。

果たして一高で新渡戸の薫陶《くんとう》を受けた志賀直哉、芥川龍之介、和辻哲郎といった人たちはたちまち西洋の学問に惚《ほ》れ込みました。彼らが活躍し始める大正初期の頃から日本全体が欧米崇拝に一挙に傾いていきます。一高教育は他の旧制高校へも拡がり、彼らを中心とした欧米崇拝の文化は大正デモクラシーへと繋《つな》がっていくのです。

そう思う時、純粋に日本精神を受け継いだ「明治人」は江戸末期から明治二十年頃までに生まれた人たち、と言うべきなのかもしれません。

欧米崇拝の波はやがて盲目的な欧米跪拝《きはい》となり、それが大正、昭和、平成、令和と受け継がれてそれぞれの文化を築いていきました。いわゆるインテリ階層の間でカントやショーペンハウエル、ハイデガーの哲学が持てはやされ、スタンダールの『赤と黒』やドストエフスキーの『カラマーゾフの兄弟』といった小説を読むことが教養人の証《あかし》とされてきました。武士道精神や儒教的なものは古臭いナンセンスな思想として疎《うと》まれ、それが今日もなお日本を蝕《むしば》み続ける元凶ともなっています。

冒頭の唐木順三氏の言葉のように、根無し草となった日本人は欧米思想にすぐに靡《なび》いてしまうようになりました。大正デモクラシーを謳歌《おうか》していた頃、ロシアに革命が起きると共産主義に浮かれ、昭和に入り軍国主義が台頭すると軍国主義やナチズムに浮かれ、戦後はGHQの占領史観に染まり、近年はアメリカ発のグローバリズムを金科玉条《きんかぎょくじょう》の如く信奉しています。

そして一九八〇年代から日本に浸透してきたのがポリティカルコレクトネス、いわゆるポリコレの風潮です。社会の差別や偏見をなくすことこそが人類の最重要なことである、という極端な人権思想です。重要なことに違いはありませんが、差別と区別の違いがよく分からない上、各国の文化や伝統など、人類には他にも重要なことが幾つもあるのです。世界中の政治家や有識者を含めてすっかりポリコレに染まってしまっているのは憂うべきことです。

そのポリコレが大きな争点となったのが、まさに先のアメリカ大統領選挙。その争いはアフリカ系かつインド系の女性でポリコレの権化であるハリス氏と、ポリコレにやや否定的なトランプ氏が対決するという構図でした。アメリカの左派メディアがこぞってハリス氏を応援したものの、トランプ氏圧勝となりました。非常識な言動ばかりするトランプ氏の勝利は、アメリカ国民の間でポリコレに対する疲労がそれだけ根強かったことを物語っています。

人権思想と日本の美徳の根本的な違い

ところで、欧米の民主主義を支えてきたものといえば、自由、平等、人権の精神です。しかし、私から見たらこれほど心許《こころもと》ないものはありません。第一、ヨーロッパで最も差別が酷《ひど》いのがフランス革命を起こした当のフランスなのです。アメリカやイギリスで生活をしてきた私ですが、フランスほどあからさまな差別を受けた国はありませんでした。パリで不愉快な経験をした日本人は多いはずです。

自分の権利を押し通し、他人を誹謗《ひぼう》中傷する自由ばかりが幅を利かせた社会に、平和や人々の安寧《あんねい》が訪れるはずはありません。

ヨーロッパの長い封建社会の中から人々がようやく勝ち取り、アメリカ独立宣言にも書き込まれた自由、平等、人権。しかし、この思想はすでに賞味期限が来ているということを、世界の人々はいい加減自覚すべきと思います。

これら三つの本質は「自由だ、平等だ、人権だ」と外に向かって叫び相手に要求するものです。

一方、日本の美風、例えば武士道精神の中心となる惻隠《そくいん》、もののあわれ、誠実、礼節といったものはすべて自分の内側に静かに語りかけるものなのです。欧米の人権思想と日本人古来の美徳の根本的違いはここにこそあるのです。

自由だ、平等だ、人権だと外に向かって叫ぶことは、そのまま戦いの姿勢となり、自己を正当化するための論理が必ずそこには伴います。欧米の植民地化にも、最近のロシアとウクライナの戦いにも、それぞれ論理があります。しかし、自己を正当化する論理がぶつかり合う限り、戦争が終結を見ることはありません。論理の衝突を防ぐ方法は一つ。心の内に向かって静かに語りかけることであり、それは即《すなわ》ち日本古来の精神に立ち返ることなのです。

世界が混迷を極める中、日本人はまず誰よりもこの素晴らしい美質に気づき、それを取り戻すべく努めなくてはいけません。世界が指針とすべき美質を根に備えていながら、いまだに根無し草状態にある日本人の姿は残念という他ありません。

武士道精神を叩き込まれた人生の原点

私が幸いだったのは、子供の頃から武士道精神の何たるかを作家だった父・新田次郎からしっかり教えられたことです。とりわけ卑怯《ひきょう》を憎む心、惻隠の情については徹底して叩き込まれました。

「学校で弱い子や貧しい子がいじめられていたら、何が何でもその子を助けろ。助ける時には力を使ってもいい」。

それが父の教えでした。実際、腕力に自信があった私は、いじめの現場に駆けつけていじめっ子をぶっ飛ばした経験を持っています。弱い者を助ける場合に限って父が暴力を許してくれたのは、武士道精神を支えに生きていた私の原点でした。

一方で、子供の頃から「山びこ学校」とか大関松三郎《おおぜきまつさぶろう》や宮沢賢治など、東北の貧しい人たちの作文や詩、童話などを読むことで知らず知らずのうちに惻隠の心を培うことができたように思います。最も影響を受けたのはイタリアの作家デ・アミーチスの『クオーレ』で、親子の愛や家族の絆、惻隠や卑怯などについての話が日本の武士道精神と共通していることに驚いたのをよく覚えています。

気象台に勤めていた父は、朝日を浴びてキラキラと輝く草花の露を見ながら、少年の私に光の屈折の仕組みを話してくれたり、それを題材にして一緒に俳句を詠んだりして、情操と科学両面の感性を育ててくれました。このことも私の人間的な基礎をつくってくれました。美しいものに感動する心がないと数学は深められないというのが、数学者である私の持論です。

また、私の小学校の担任の先生は日教組の幹部でした。戦前の日本はすべて悪だったとするGHQ史観に染まった人で、考えは相容れないものがありましたが、私は先生が嫌いではありませんでした。というのも先生は、粗末な家で祖父母に育てられている貧しい児童のためにこっそり給食費を払い続けていたからです。母がPTAの役員になった時、母からそのことを初めて知らされて心打たれ、以来、小学校を出てからも惻隠の心を大切にするこの先生を、ずっと尊敬し続けてきました。

明治人に見られる三つの特徴

先ほど、日本人の美質をしっかり身につけていたのは明治二十年頃までに生まれた明治人であり、それ以降、次第に日本人は西洋思想の波に呑み込まれ変質していった、と述べました。その明治人と呼ばれる人たちが身につけた明治精神には、大きく分けて三つの特徴があると私は見ています。

一つ目は「国家精神」、国家と自己の一体感です。明治という激動の時代を導いたのは皆、江戸時代末期に生まれた人たちです。彼らは幕府が倒れて新政府が誕生し、廃藩置県《はいはんちけん》がなされ議会や国民皆兵、教育義務化をはじめとする諸々の制度が立ち上がる形成過程を間近に見ていました。彼らにとって国家とは自分たちがつくった国であり、国イコール自分であるという当事者の気分で生きていたのです。

日清戦争後の三国干渉によって遼東《りょうとう》半島を奪われた時、全国民が悔し涙を流し、明治三十五年に日英同盟が締結されると、喜んで各家庭で国旗を掲げ、乃木希典《のぎまれすけ》大将が明治天皇の後を追って殉死《じゅんし》をした時には皆が泣いてその死を悼《いた》みました。悠久なる日本の歴史の中でも、国イコール自分という意識で国民がこれほど熱く燃えたのはこの明治という時代をおいて他にありません。

二つ目には「進取《しんしゅ》の気性」です。これは、とにかく新しいものを取り入れて日本を強くしないと植民地にされてしまうという危機感がその原動力となっています。工業も科学技術もほとんど未発達の国が、産業革命を終えた国々と対等に向き合おうというのですから、身分不相応もいいところですが、植民地を回避するにはそれが唯一の手段でした。

清国をはじめとするアジアの国々が欧米列強になされるがままの状態でいる中、日本だけは近代国家づくりに邁進《まいしん》。国家予算の多くを軍事費に注ぎ込み、国民も国家のために協力を惜しまず、清やロシアという大国を相手に勝利するのです。最近の調査で「もし戦争が起きたら国のために戦うか」との質問に「はい」と答えた日本人は僅《わず》かに十三％、世界で最下位という結果を思うと、まさに隔世《かくせい》の感があります。

三つ目には「武士道精神」です。明治になって武士は消滅しましたが、誠実、勇気、惻隠、卑怯を憎むといった武士道精神は残りました。そして明治という時代を築いた人たちは皆、これら三つの体現者でもありました。

武士道精神というものは決して武士たちの間で培われたものではなく、おそらく縄文時代から日本の土着の思想であり、日本人の道徳の中核となっていたのではないかと思います。維新という体制の大変革があったにも拘《かかわ》らず武士道精神が残ったのは、きっとそのためだったのでしょう。

日本は地震や台風、津波、洪水などの常襲地で、住むのには非常に条件の悪い国です。太古の昔から人々は限られた土地でお互いに助け合い、時には共に試練を乗り越えながら狩りや農業を営んできました。惻隠、誠実、協力といった美徳は、そういう厳しい環境の中で育まれ、神道や儒教などの影響を受けつつ後に武士道として結実したのではないかと思います。

武士道を体現した先人たち

慶應義塾の創設者である福沢諭吉は、武士道を体現した人物の一人でした。

実を言えば私は若い頃、福沢が好きではありませんでした。その頃読んでいた『学問のすゝめ』には実学ばかりが称揚《しょうよう》され、文学、とりわけ漢学や詩歌などが誹謗《ひぼう》されていたからです。私が専門とする純粋数学も実学とは言えず、加えて武士が主人のために一命を擲《なげう》つことを揶揄《やゆ》するような表現までありましたから、なおのこと嫌悪感を抱きました。

ところが、後年、『痩我慢《やせがまん》の説』を読んで福沢に対するイメージが大きく変わりました。武士から最も離れていると思っていた福沢が、実は武士道の人であったことが分かったのです。福沢はこの論文で、幕臣でありながら明治政府に重用された勝海舟《かつかいしゅう》と榎本武揚《えのもとたけあき》を、武士の志操《しそう》という点から厳しく批判しています。幕末に早くも刀を売り払って武士を捨てていながら、最後まで武士道精神を持っていたのが福沢という人物でした。

何より福沢の惻隠の心を示すのが北里柴三郎との逸話です。北里はドイツ留学時、破傷《はしょう》風菌《ふうきん》の純粋培養や血清《けっせい》療法の開発などで世界的に知られる存在となっていました。「祖国のために働きたい」との思いから、ケンブリッジ大学など欧米の名だたる大学からの招聘《しょうへい》を断って帰国した北里でしたが、脚気《かっけ》細菌説を唱える母校東大の教授たちに反論していたためついぞ受け入れてもらえず、研究すらできずに困り果てていました。学者の嫉妬と思います。

その北里に救いの手を差し伸べたのが福沢です。北里の志に感動した福沢は、印税などのポケットマネーで北里研究所の設立を支援し、その後も活動を見守り続けるのです。福沢は北里以外にも様々な支援をしていますが、大っぴらではなくこっそりと惻隠の情を施すやり方は、いかにも福沢らしいと言えるのではないでしょうか。

内村鑑三《かんぞう》や新渡戸稲造もまた、キリスト者でありながら卓越した武士道精神の持ち主でした。

二人には下級武士の子として生まれ、札幌農学校（現・北海道大学）で農学を修める傍らキリスト教に入信。敬虔《けいけん》なキリスト教徒としてアメリカで数年を過ごし、帰国後は祖国愛とキリストへの愛に基づいて内外に向けた活動を続けるという共通点がありました。堪《たん》能《のう》な英語とキリスト教の信仰という国際免許証を胸のポケットに忍ばせながら、日の丸を世界に向けて高く掲げた輝ける双生児《そうせいじ》、という言い方もできると思います。

内村は渡米前、アメリカに対してキリスト教精神と道徳心に満ちた夢のような国だというイメージを抱いていました。ところが、強盗や殺人が蔓延する現実を目の当たりにして幻滅し、日本人の美質を改めて認識しました。

その頃、日清戦争を勝利した日本に対する野蛮で残酷なイメージが欧米で浸透しつつあることを憂えた彼は、自身が信条としていた「二つのJ」、つまりJesus（イエス・キリスト）とJapan（日本）のために身を捧げることを決意するのです。西郷隆盛、上杉鷹山《ようざん》、二宮尊徳、中江藤樹《とうじゅ》、日蓮《にちれん》の立派な生き方や思想を欧米人に紹介する目的で『代表的日本人』を著したのは、そういう内村の祖国愛の発露でもあったのです。同時にそこには日本人自身の目覚めを促す意図も込められていました。内村のひそみにならい、私も最近『藤原正彦の代表的日本人』（文春新書）を上梓《じょうし》し、世界に誇ることのできる五人（関孝和、上杉鷹山、柴五郎、福沢諭吉、河原操子）を紹介しましたが、やはり日本人の覚醒を願っての著作でした。

新渡戸が『武士道』を著したのも、欧米人に日本人の美質を知らしめるためでした。『武士道』に感銘を受け、すっかり日本贔屓《びいき》になっていたアメリカ大統領セオドア・ルーズベルトは、日露戦争終結に向けて両国の仲介役を引き受け、ポーツマス条約の締結では日本が有利になるよう陰で働くのです。日露戦争の勝利は軍事力だけではなく、美質を含めた日本人の総合力の勝負でもあったわけです。

家族愛、郷土愛、祖国愛

人間の本当の自信はどこから生まれるのか。その源泉は祖国の文化や伝統への誇りであり、それはまた国力の源ともなっています。いかに強い軍事力、経済力を有していても、祖国に対する誇りなくしては世界に出た時、真の自信は生まれません。

私は子供の頃から読書が大好きでしたが、大学、大学院時代は、新聞や週刊誌を含めて一般の書物には一切目をくれることなく、二十四時間数学詰めの生活を続けました。そこまでしないと世界の天才たちに太刀打ちできるだけの力を身につけることはできません。ところが、厳しい研究生活を支えてくれたのが、小中高と読んできた小説や講談、伝記、詩歌の数々だとある時気づいたのです。

高校一年生の時に読んで深い感動を覚えた宮沢賢治の詩「永訣《えいけつ》の朝」はその一つです。「けふのうちに／とほくへいってしまふわたくしのいもうとよ」で始まるこの詩は、結核で死の床にある妹・トシから「雨雪を取ってきてください」と頼まれた賢治が、子供の頃使っていた欠けた陶器を手に外に飛び出していく様子が描かれています。私が心打たれたのは、雪で口を潤しながらトシが口にした次の言葉です。

「うまれでくるたて／こんどはこたにわりやのごとばかりで／くるしまなあよにうまれてくる」（今度人として生まれて来る時は、こんなに自分のことばかりで苦しまないように生まれてきます）

　これを聞いた賢治は「トシの思いを受け止めて、真っ直ぐに生きていこう」と決意するのです。この賢治の決意は「何が何でも真っ直ぐに生きていく」という私自身の人生への決意ともなりました。

　私が小学生時代を過ごした信州を描いた島崎藤村《とうそん》の「千曲川《ちくまがわ》旅情の歌」に関しても忘れ難い思い出があります。イギリスのケンブリッジ大学で研究生活を送っていた時、周囲にはノーベル賞やフィールズ賞を受賞した学者が何人もいて、私のように自信過剰な人間でもヨーロッパの知性とでもいうものに圧倒されそうになったこともありました。そういう時、かつて覚えたこの詩の一文が甦ってきました。

小諸《こもろ》なる古城のほとり／雲白く遊子《ゆうし》悲しむ／緑なす蘩蔞《はこべ》は萌《も》えず／若草も藉《し》くによしなし／しろがねの衾《ふすま》の岡辺《おかべ》／日に溶けて淡雪《あわゆき》流る……

「そうか、俺は信州の美しい自然と情緒溢れる土地柄によって育てられたのだ」。そう思うと気持ちが高鳴り、力が湧いてくるのを感じたものです。自信を取り戻した私は翌日から再び、阿修羅《あしゅら》の如《ごと》く研究に打ち込みました。

イギリスの思想家サミュエル・スマイルズは「国家とか国民は、自分たちが輝かしい民族に属するという感情により力強く支えられる」という言葉を残していますが、本当の自信は祖国の文化、伝統、美しさなどにより初めて生まれる、というのは私の実感です。祖国愛と言ってもよいと思います。

私は人間が生きていく上で「家族愛」「郷土愛」「祖国愛」の三つは欠かすことのできない基本だと考えています。

家族愛を育てる一つの方法は、親が子供に、自分の親や祖父母から聞いた話を伝えてあげることです。私も子供の頃、いろいろな先祖の話を両親に聞かせられる中で、その苦労や悲しみに思いを馳《は》せ、遠いはずの先祖をとても身近に感じることができました。

また、子供の頃から故郷の自然に触れたり、祭りやイベントに参加することによって郷土愛は育まれます。祖国愛はこの家族愛、郷土愛を土台として育まれ、この三つがあって初めて人類愛が生まれるのです。日本では一般に祖国愛よりも愛国心という言葉が多く用いられますが、私はこの言葉が好きではありません。家族愛、郷土愛に基づかない愛国心は時に独善に陥り、悪用されてしまう危険性があるからです。

家族愛、郷土愛、祖国愛は人類愛に繋がるもので、子供たちが世界に羽ばたく上でも大切な要件となります。英語が流暢《りゅうちょう》に話せなくても構いません。かなり優秀な自動翻訳器もあります。若者たちには祖国の自然や歴史、文化、道徳といったことをぜひ自分の言葉として発信してほしいと思います。

読書文化の復興が欠かせない

今回、『致知』の取材を受けるに当たり、哲学者・森信三氏が語ったという「二〇二五年、日本は再び甦《よみがえ》る兆《きざ》しを見せるであろう。二〇五〇年になったら列強は日本の底力を認めざるを得なくなるであろう」という言葉を知り、いたく共感するものがありました。

これまで述べてきた通り、日本人は太古の昔から他国には決してない美質を有してきた民族です。そして、そこに立ち返ってこそ日本の、そして世界の未来がひらけてくると私は思ってきました。世界はすでにそのことに気づき始めていて、事実、日本を訪れた外国人の多くは清潔で親切で安全で礼儀正しい日本の国柄《くにがら》に驚嘆の声をあげます。世界中回っても、日本ほどの国はないのですから。

ロンドンやパリと言えばおしゃれなイメージがありますが、実際はそうではありません。道にはゴミがあります。約百年前、人々はアパートの窓から平気で汚物を投げ捨て、街中が汚れ異臭を放っていました。香水やハイヒールはそのために生まれたとされています。片や日本は江戸時代からすでに屋外にトイレが設置されていました。その一事を取り上げただけでも彼我《ひが》の差は明らかです。

ただ、日本が世界を導くには大きな条件があります。それは何より日本人自身が先祖が培ってきた美質に目覚めることです。また、そのためには日本人が失いつつある読書文化の復興は絶対に欠かすことができません。

[提言] 藤原正彦

いま電車に乗ると、子供からお年寄りまでがスマホに夢中になっていますが、これは日本が滅びる前兆のように私の目には映ります。中学生や高校生は一日に四時間以上もスマホを見ているのです。日本人は読書文化をあまりに過小評価しすぎていますが、本に向き合わない限り正しい知識や教養、情緒、そして日本人としての美質が身につくはずもありません。

私は教鞭《きょうべん》を執《と》ってきたお茶の水女子大学で十数年にわたり読書ゼミを続けてきました。拙著『名著講義』（文春文庫）にその実況中継がありますが、ゼミ生には一週間に一冊の読書を義務づけ授業では読後感を軸にディスカッションをしました。先ほどの『武士道』『代表的日本人』をはじめとする名著に触れた学生たちが、あっという間に見違えるほどの成長を遂げていく姿を目の当たりにしてきました。洗脳教育をしているのか、と私自身が怖くなるほどでした。

我が藤原家では曽祖父の代から「本に埋もれて死ね」という言い伝えがあります。旧制中学の校長をしていた妻の祖父は「一日に一頁《ページ》も本を読まない人間は獣《けもの》と同じだ」というのが口癖でした。このため、妻の叔父叔母は皆本好きでした。これらはいまも我が家の家訓のようなものですが、人間を磨く上で読書はそれほど重要なのです。

読書を通して人としてのあり方を学ぶ

読書に関して言えば、哲学とか思想など難しい本を読む必要はありません。私はかつて庶民の大衆文化を育んできた講談本や伝記などをお勧めしたいと思います。『猿飛佐助《さるとびさすけ》』『真田幸村《さなだゆきむら》』『霧隠才蔵《きりがくれさいぞう》』『宮本武蔵』……。父・新田次郎はもちろん、谷崎潤一郎も川端康成も湯川秀樹も朝永《ともなが》振一郎も、子供の頃に講談社が発刊するこれら講談本を徹底して読み込む中で、人間にとっての義理、人情、惻隠、孝行、勇気とは何かを学びました。中学生の私もはまりました。

ジャーナリスト・徳富蘇峰《とくとみそほう》は講談社をして「私設文部省」と言いましたが実に言い得て妙ではないでしょうか。ところが、欧米崇拝、欧米跪拝の明治、大正、昭和のインテリたちは、講談本や武士道精神を嘲笑《ちょうしょう》し軽蔑しました。インテリと大衆の教養が分離してしまったことも日本人の道徳性を衰退させる一因となったのです。

ちなみに、インテリ階級がはまった思想や哲学の類《たぐい》を私はほとんど読んでいません。大学生の時、中学時代からの友人が倉田百三《ひゃくぞう》の『愛と認識の出発』、三木清の『人生論ノート』、西田幾多郎《きたろう》の『善の研究』の三つを挙げ、「この三冊を読まないと一人前にならないぞ」

と勧めてくれました。しかし、夏休みに田舎に持ち帰って四、五頁読んだところで、三冊ともつまらなくて捨ててしまいました。

第一、これらの本に出てくる哲学的言葉には定義がありません。言葉に定義がないまま論理的に主張を展開されても、数学者は全く共感できないのです。「数学者と哲学者は相容れないな」とつくづくそう思ったものでした。

読書以外で言えば、例えば唱歌や童謡、戦前戦後に庶民に愛された昭和歌謡を味わうのもいいと思います。「赤とんぼ」「シャボン玉」「この道」など、これらはもののあわれ、懐かしさなど人として大切な情緒に満ちています。

二十世紀最大のフランスの文化人類学者レヴィ・ストロースは「私は文化人類学者として世界中の音楽を聴いてきたが、どれも肌に合わなかった。ところが日本に来て昭和の歌謡曲を聴いた時、胸にすっと入ってきた。平安文学と同じような、もののあわれが滲《にじ》んでいるのを感じた」と語っています。あるフランスの作曲家は、美空ひばりなどを聞いて「初めて聞いたのに懐かしい感じがする」と言っていました。

日本の美質に世界が注目する時代が来る

日本古来の美質は世界最高峰のものである――。日本にいま求められるのはその原点をしっかりと見つめることです。周回遅れで前に見える欧米の思想を見習う必要は全くありません。

先述のように自由、平等、人権という西洋思想の中核をなしてきた思想は既に賞味期限が切れ、その矛盾が大きくなっているのです。独立宣言でこの三つを高らかに謳ったアメリカは、銃乱射が日常的に起きている国です。上位一％の富裕層が国全体の個人資産の半分近くを占め、下位五十％の者はたったの二％しか占めていないのです。ポリコレとは、グローバリズムにより生まれる激しい貧富差を糊塗《こと》するための、目くらましなのです。こんなものは長く続くはずはありません。いずれ誰もがその空虚さに気づくことでしょう。

むしろ、これからの人類に求められるのは誰かを相手に権利を勝ち取るような戦闘的な思想ではなく、自らの心の内に静かに語りかける惻隠、誠実、勇気といった日本人の美質なのです。その意味でも世界の混沌《こんとん》を救えるのは日本以外にはありません。日本が美質に満たされた素晴らしい国になれば、世界は自ずと日本を手本とするようになることでしょう。

私は森信三氏のように、いつ日本が甦るかという具体的な年を提示することはできませんが、世界が障壁にぶつかって先に進めなくなっているいま、日本の美質に注目する時が遠からずやってくると確信します。もしかしたら、その時は直ぐに訪れるかもしれません。「国家とか国民は、自分たちが輝かしい民族に属するという感情により力強く支えられる」サミュエル・スマイルズのこの言葉を日本人一人ひとりが胸に抱き、世界に羽ばたいてほしい。そのことを強く念願せずにはおれません。（談）

日本再興は英霊の心にある

日本の歴史、伝統文化、精神性に対する深い理解と共感を基に、保守論客として多くの著作と積極的な提言を続けているジェイソン・モーガン氏。モーガン氏が語る、戦後日本を縛ってきたアメリカ・ワシントンの支配から脱し、日本が真に独立した国家となるために一番大事なものとは——。

ジェイソン・モーガン

麗澤大学国際学部准教授

ジェイソン・モーガン——１９７７年アメリカ合衆国ルイジアナ州生まれ。テネシー大学チャタヌーガ校で歴史学を専攻後、名古屋外国語大学、名古屋大学大学院、中国昆明市の雲南大学に留学。ハワイ大学の大学院で東アジア学、特に中国史を研究。フルブライト研究者として早稲田大学大学院法務研究科で研究。２０１６年ウィスコンシン大学で博士号を取得。一般社団法人日本戦略研究フォーラム上席研究員を経て、２０２０年４月より現職。２０２４年著書『私はなぜ靖国神社で頭を垂れるのか』（方丈社）が公益財団法人アパ日本再興財団主催の第七回アパ日本再興大賞を受賞。

真実のアメリカを知る

「二〇五〇年の日本」を考えるためには、まず日本の皆さんがアメリカとはどのような国なのかを正しく理解することが必要だと私は思っています。おそらく多くの方は、アメリカは世界をリードする超大国であり、自由と民主主義を守る正義の国だというイメージを持たれていることでしょう。しかし、一般のアメリカ人、特に私のような南部（ルイジアナ州）出身者からすれば、現実のアメリカはその反対といってよいのです。

そもそもアメリカの歴史は、イギリスを中心とするヨーロッパから渡ってきた白人たちが、先住民を迫害し、黒人など非白人を奴隷化・搾取《さくしゅ》する植民地から始まりました。そして一七七五年に本国イギリスとの紛争が始まり、十三の植民地が独立、一つにまとまることでアメリカは建国されたのです。

その後、アメリカは政治体制や産業、奴隷制度などを巡って北部と南部が対立を深め、一八六一年に南北戦争が勃発《ぼっぱつ》しました。四年に及ぶ戦いの末、最終的には、リンカーン率いる北部が勝利し、南北戦争は終結します。それによりワシントンの連邦政府を中心とした「ニュー・アメリカ」が創立されるのですが、決して国家として一枚岩になったわけではありません。意外に思われるかもしれませんが、アメリカにはいまだに北部と南部の対立や分断、非白人への搾取が確かに存在するのです。

南北戦争では、南部の人々は北軍により無差別に殺戮《さつりく》され、財産は徹底的に破壊されました。「ヤンキー」という言葉も、語源の説が様々ですが、南北戦争の前からも、暴虐な北軍への蔑称《べっしょう》として南部で言われるようになったものです。ですから、私が育った南部の一部地域には、「いつの日かワシントンに対して南北戦争の仇《あだ》を討ってやる」という感情がいまなお残っており、同じアメリカでも、北部と南部では外国といっていいほど文化的に異なるものがあります。

そしてもう一つ知っていただきたいのは、権力を握ったワシントンの連邦政府はどんどん独裁的な傾向を強め、一般のアメリカ国民の幸福とは何の関係もない、一部エリート層や富裕層のための政治を続けてきたということです。

例えば、戦争。遥《はる》か遠いベトナムやアフガニスタン、イラク、リビア、シリア、ウクライナなどの地で、なぜアメリカは果てしない戦争を続け、莫大な資金を注ぎ続けているのか？戦地から戻って来た兵士たちは、身体に障碍《しょうがい》を負い、無辜《むこ》の女性や子供を殺してしまった罪悪感に苛《さいな》まれています。一般国民はこんな戦争は早くやめてほしいと願っているのです。

それから、ワシントンは、巨大企業の利益に繋《つな》がる新自由主義的な経済・金融政策を進め、国内産業・中小企業は衰退し、貧富の格差がものすごく広がっています。

また特にリベラルな民主党政権下では、過激な左翼思想が国民に押しつけられてきました。いまのアメリカでは、キリスト教信者以外を差別することに繋がると、十二月に「メリークリスマス」という言葉は公には使えませんし、行き過ぎた「ＬＧＢＴＱ＋」（性的少数者）の尊重のために、子供に性転換手術を受けさせたり、ホルモン剤を投与したりすることが当たり前に行われています。もちろん、性的指向は個人の問題であり、立ち入るべきではありませんが、望めば男性が女性に、女性が男性に自由になれるというのは明らかに行き過ぎですし、多くのアメリカ人がそんな社会は望んでいません。

さらにワシントンは情報統制を行い、国民に真実を知らせまいとしてきました。私も子供の頃、南北戦争では南部が悪者であり、北部は正義という偏った歴史観、〝神話〟を教えられ、後に自分で歴史を勉強するまでそれを信じていました。最近ではイーロン・マスク氏がツイッター（現・Ｘ）を買収し、現政権に都合の悪い情報が流れないようにツイッターが操作されていた事実を公表しました。

アメリカは超大国、自由と民主主義の国というよりも、ワシントンの一部エリートが支配する〝大きな植民地〟と呼んだほうがよいでしょう。そしてここに、既存の支配層と戦い、アメリカ国民のためのアメリカを取り戻すことを掲げるドナルド・トランプ氏を、アメリカ国民が再び選んだ理由があります。今回の大統領選挙では、白人から黒人、ヒスパニック、男性から女性、一部の民主党支持者まで、トランプ氏に投票しました。アメリカ国民は、ワシントン帝国の支配はもううんざりだと、明確な意思表示を行ったのです。

ワシントンに支配される日本

いま述べてきたことは、日本とも非常に深く関係しています。なぜなら、戦後の日本はアメリカの連合国軍最高司令官総司令部（ＧＨＱ）に占領されましたが、その支配は日本が「独立」をした後も様々な形で続いてきているからです。

例えば、先にワシントンの情報統制について触れましたが、同じことが日本でも行われています。

象徴的なのは、歴史認識でしょう。アメリカは東京大空襲や広島・長崎の原爆投下により、日本の一般人を大量虐殺しました。アメリカでは「原爆投下は戦争、日本の軍国主義を早く終わらせるために必要だった」と教えられてきましたが、私が驚いたのは、虐殺された側の日本人もそう信じていることです。日本の青年と歴史の話になった時、「原爆投下は虐殺だ」と伝えると、彼はきょとんとした顔をし、「いや、戦争を早く終わらせるためだったんです」と逆にアメリカを擁護するのです。

もちろん、そうではない日本人もたくさんいます。しかし、青年との会話は、戦後ワシントンが日本人に植えつけた、正義のアメリカが軍国主義から日本人を解放したのだという歴史観、情報統制がいまなお大きな影響を与えていることを実感させられました。これでは日本が誇りある、自立した国家になれるはずがありません。

また、トランプ氏が圧勝した今回の大統領選挙においても、アメリカの主要メディアは、最後までトランプ氏に対してネガティブな報道を行い、民主党のハリス氏が優勢、あるいは接戦であると報じ続けていました。そして日本のメディアを見てみると、ほぼアメリカのメディアと同じ内容の報道がされていました。日本人はこの状況が意味するところを、もっと深刻に考えなければなりません。

それから二〇二三年、岸田文雄政権下で、日本の国柄とは相容れない「ＬＧＢＴ理解増進法」が十分な議論もなされないまま成立しました。その前に、アメリカの駐日大使が自身のツイッターを通じ、日本は先進国の中で遅れているなどと主張し、「ＬＧＢＴ理解増進法」の制定を執拗《しつよう》に促《うなが》していた事実を知っている日本人はどれだけいるでしょうか。

事例を挙げればきりがありませんが、日本はいまだにワシントンに支配されている――その事実に気づくことから、日本がよりよい国になるための第一歩が始まるのだと私は思うのです。

日本の未来は英霊の心にある

私と日本との出会いは幼少期にまで遡《さかのぼ》ります。近所にアメリカ人と結婚した日本人女性が住んでおり、幼い私を随分可愛がってくれたのです。この一人の優しい女性が、私の中で日本を代表する存在となったのでした。また、祖父は占領軍の一員として日本に駐留した経験がありましたが、上陸する前は殺されると覚悟していたけれども、逆に日本人に歓迎され、優しくしてもらった、普通の国じゃないと私に語ってくれました。

日本によいイメージを抱いて育った私は、大学でも日本人留学生と友人になり、彼の勧めで一九九九年二十一歳の時に、一か月ほど日本にホームステイすることになりました。岐阜県の家族が受け入れてくださったのですが、まるで私を本当の息子のように温かく扱ってくれ、感動したことをいまでも覚えています。アメリカはもちろん、他の国の人とも、キリスト教の博愛精神とも何か違う、「おもてなしの心」を感じたのです。

以後、私は日本のことをもっと知りたい、見習いたいと、アメリカや中国、日本の大学を行き来しながら研究を続け、現在に至ります。いま私は四十七歳ですが、祖国アメリカよりも日本とのかかわりの方が深くなってきました。

その中で、私は特に縄文時代から連綿と続いてきた日本の伝統文化、精神性の素晴らしさに魅せられていったのですが、これこそ日本がワシントンの支配から脱却して、アジア、世界のリーダーになっていく大きな力となると確信するようになりました。例えば、茶道ではどんな権力者でも躙口《にじりぐち》を通ってお茶室に入り、一つの空間の中で人間もお花も平等、対等な存在としてそこにあります。様々な格差、分断が当たり前になっているアメリカ社会では考えられないことであり、私はお茶室の中に皆が本当の意味で認め合い、平等に生きていく理想を見るのです。

また私が感動したのは、靖國《やすくに》神社に祀《まつ》られている英霊たちの精神です。先の大戦を戦った日本の英霊、特攻隊の青年たちは、日本のため、家族のため、郷土のために自分の命は犠牲になってもいいいんだと、敵に突撃していった。そのような精神と行動は他の国には決してない特別なものですし、何よりも自分たちだけ儲《もう》ければいいというワシントン帝国のエリートたちとは全《まった》く正反対のものです。

だからこそワシントンは、戦後の日本支配のために、日本の伝統文化、歴史、精神を邪魔なものとみなし、亡きものとすべく情報統制を行い、自分たちの文化や価値観を押しつけてきたのです。ザビエルもキリスト教を布教する上で日本の伝統文化が障壁になり苦労したようですが、それから四百年後のワシントン帝国、マッカーサーも同じ問題に直面したのです。

最近も、皇位継承を男系男子に限る皇室典範に対し、国連の女性差別撤廃委員会が改正勧告を行いました。また、「LGBT理解増進法」に続き、日本の社会、家族制度を破壊しかねない選択的夫婦別姓制度の導入が進められようとしています。私からすれば、ほんの数百年の歴史しか持たない国が、縄文から連綿と続く歴史と伝統文化を有する日本に何を言うか、余計なお世話だ！　という思いです。

靖國神社に参拝し、英霊たちの精神、心に思いを馳《は》せれば、日本人はどう生き、どういう社会を実現していけばよいのか、自ずと分かってくるはずです。

ワシントン帝国の支配に屈せず、日本人一人ひとりが英霊の心、日本精神を取り戻し、二〇五〇年、アジア、世界から尊敬されるリーダーとしての役割を果たしていただきたい。

そう願っていますし、私もそのために英霊たちと共に戦っていく覚悟です。

各界の識者に聞く 2

国土強靱化で日本は再び輝く

長期にわたり低迷を続ける日本。
しかしその先には、さらに大きな危機が
待ち受けているという藤井聡氏。
再生を阻むもの、
そして危機を打開する道とは――。

藤井 聡

京都大学大学院教授

ふじい・さとし―昭和43年奈良県生まれ。京都大学工学部卒業、同大学院修了後、同大学助教授、イエテボリ大学心理学科客員研究員、東京工業大学大学院教授などを経て、平成21年より京都大学大学院工学研究科教授。24年から30年まで安倍内閣官房参与。著書に『日本滅亡論』（経営科学出版）など多数。

力の衰えた国がどれほど悲惨か

日本の衰退が、様々な問題が連動する形で深刻化しています。

一九九七年に成長の止まった日本経済は、以来再び上昇に転じることもなく、失われた三十年といわれる長期停滞を続けています。これに伴い国勢も衰え、世界二位であったGDPは、中国、さらにはドイツにも抜かれて四位に後退。かつてはG7の中でもトップであった一人当たりGDPもいまや最下位、世界ランキングでも三十七位に沈んでいます。日本の経済的プレゼンス（存在感）はどんどん低下し、この状況が続けば十年後、二十年後には東アジアの一貧国になってしまう可能性が濃厚です。

これに連動する形で、軍事、安全保障における危機も急速に高まっています。

二十世紀の後半までは、盤石の日米安保体制によって日本は安全保障上の脅威に晒《さら》されることはほとんどありませんでした。しかし、近年はアメリカの相対的地位の低下により、軍事大国のロシア、台頭する中国、そして核装備を進める北朝鮮の脅威に晒され、いつ何時軍事的危機に直面しないとも限らない状況になっています。

こうした日本のプレゼンス低下は、他国の干渉を拒否する外交力の低下ももたらしています。

日本の国土、不動産、企業など、国力を支える様々な重要資産は次々と海外マネーに買収されています。LGBT法案や移民政策など、国民の合意を十分に得ていない政策が、他国の意向に従う形でどんどん推進されています。TPPをはじめとする自由貿易協定も、必ずしも国益に適《かな》うものではなく、その煽《あお》りで日本の食料自給率はカロリーベースで三十八％に低迷。国内農家にそのしわ寄せが及ぶ一方で、海外の農家を豊かにするという理不尽な結果を招いています。この構図はエネルギー業界においても見受けられます。

近年は、デジタルの世界でも海外への依存度が高まっています。検索サイト、SNS、パソコン機器など、いまや海外発のサービスなしに我われの生活は成り立たないと言っても過言ではなく、それらに投じたお金の大半は、諸外国を潤しているのが現実です。

力の衰えた国がどれほど惨《みじ》めか。消費の低迷する日本は訪日客への依存を高めていますが、この先外資による企業買収まで増えていけば、会社の上司が外国人に代わり、日本人は植民地の現地人のように低賃金でこき使われるようになることも十分あり得るでしょう。

こうした状況下で国民の貧困化はどんどん進み、それが教育の荒廃や倫理観の低下をもたらしつつあります。我が国が長い歴史を通じて培ってきた優れた精神性が損なわれ、社会秩序の混乱と治安の悪化で国の土台が揺らいでいけば、最終的には日本を日本たらしめている皇室制度を維持していくことすら困難になるでしょう。

弱った日本の息の根を止める巨大災害

経済、産業、軍事、安全保障、外交、社会と、多方面で問題を抱え、坂道を転がるように衰退の道を突き進むいまの日本。そこにとどめを刺す形で襲いかかる可能性が高まっているのが、南海トラフ地震をはじめとする巨大災害です。

マグニチュード8~9クラスの巨大地震・南海トラフ地震は、三十年以内に七十~八十%の高い確率で発生するといわれています。被害は関東から九州にかけて広範囲に及び、土木学会の試算によると、発生した際の被害総額は千四百十兆円にも上ります。

南海トラフ地震と同様に甚大な被害がもたらされると想定される首都直下地震の発生も懸念されており、どちらか一方が三十年以内に発生する確率は九十一%にも達するといいます。

地震ばかりではありません。地球温暖化に伴う海水温度の上昇によって、日本列島は年々巨大化するスーパー台風の脅威にも晒されています。スーパー台風にひとたび直撃されれば、途轍《とてつ》もない集中豪雨によってこれまで決壊しなかった淀川や庄内川、荒川や利根川といった大河川が軒並み決壊する恐れがあります。さらに海面上昇による巨大な高潮で沿岸地域は蹂躙《じゅうりん》され、にわかに修復不可能な凄《すさ》まじい被害を受けることになるでしょう。その被害総額は百兆円を優に超えると試算されています。

先述した様々な危機に加えて、国家の息の根を止めかねないほどの超巨大災害のリスクに、日本はいま晒されているのです。

危機打開のための起死回生プラン

こうした諸問題をまとめて解決し、国に大きな活力をもたらす施策があります。それが、国土強靱化《きょうじんか》投資です。

まずは、地震による超巨大津波が東京、大阪、名古屋をはじめとする太平洋沿岸の各都市に襲いかかるのに備えて、これを防ぐための防潮堤をしっかり整備していくことが急務です。

加えて、発電所などの重要インフラ、学校や病院をはじめとする重要公共施設の耐震強化や、津波リスクの低い内陸部への移設。また、能登半島地震の事例からも明らかになったように、災害時の命の道となる高速道路の整備も極めて重要です。

さらに、様々な都市施設、産業施設を地方の衰退傾向にある諸都市へ分散していくことにより、巨大災害が発生した際の被害を様々な方面から極小化していくことが可能になります。

こうした施策にかかる投資総額は、土木学会の試算で約三十八兆円。これを実施することで、巨大地震による被害総額の四割、約六百兆円を軽減できる計算になるのです。

国土強靱化投資を徹底して行い、これに減税を組み合わせることで景気浮揚を図り、経済を再び成長軌道に乗せていく。そうすれば、諸外国に対する依存度も低下し、日本が失いつつある政治的・経済的主権を徐々に取り戻し、結果的に国力を拡大することが可能となるのです。

日本の再生を阻む元凶とは

実は、私がこの国土強靱化論を最初に政府に提出したのは、東日本大震災が発生した二〇一一年でした。当初は、二〇二二年までにこの計画を完了する見込みでしたが、的確な現状認識と危機感に乏しい政府には、いくら警鐘を鳴らしてもなかなか提言を受け入れてもらえず、現段階でも投資は当方が学術的に検討した当初計画の数%しか行われていません。

ネックになっているのが、財務省のプライマリーバランス規律（PB規律）です。政府がこのPB規律によって身動きが取れない状態になっているのです。

PB規律とは、収入と支出の差であるプライマリーバランスを黒字にすること、即《すなわ》ち支出となる国債を原則発行してはならないという規律が日本にあるのです。

当然ながら、国債の発行を禁止すれば国土強靱化投資はできなくなります。デフレを脱却するための内需拡大策、軍事や安全保障の独立性を高めるための防衛体制の強化など、国力を強化していくためのあらゆる積極投資ができなくなります。それゆえに、国債の発行を禁止している国家は日本以外にはほとんど存在しません。

なぜこうした理不尽な規律を取り下げられないのか。それは先の大戦で日本が敗戦し、GHQの支配下に置かれた時につくられた財政法の第四条に、国債の発行を禁止する条文が入っているからです。作成に関わった大蔵省（当時）の役人は、この条文が憲法九条を裏書きするために設けられたものであると国会答弁で明言しています。つまり、日本が国債を乱発して軍事力を拡大し、再び戦争を始めてしまうことを防ぐために導入されたというのです。

とはいえ、国債の発行ができなければ戦後復興へのインフラ整備もできないという政府の反発もあり、建設国債の発行だけは例外的に認められ、それによって日本の高度経済成長は支えられたのです。

ところが、この建設国債の発行さえも禁止の対象にしようというのがPB規律なのです。財政法四条よりもさらに厳しいこの規律を、小泉内閣が財政再建を目的に導入し、それが現在も日本を縛り続けているのです。

いまや仕掛けた側のアメリカすらも、こうした財政規律が日本で機能し続けていることを認識してはいないでしょう。にも拘《かかわ》らず、財務省はこの規律を後生大事に守り、マスメディアや教育現場などを通じて、国債を発行して国の借金が増えると国家が破綻《はたん》するという物語を国民の間に浸透させてきたのです。

しかし、コロナ禍《か》にアメリカのトランプ政権は五百兆円の国債を発行し、翌年に誕生したバイデン政権も同規模の財政出動を行いましたが、それによってアメリカが破綻することはありませんでした。日本も同じ時期に七十七兆円規模の財政政策を行いましたが、破綻していないではありませんか。

そもそも貨幣の供給者は国家であり、国債発行によりそれを民間から借りたからといって、財政破綻を起こすことは原理的にあり得ないのです。

蓮池の花が一斉開花するが如くに

二〇五〇年、日本が底力を発揮してかつての輝きを取り戻すためになすべきこと。それはここまで記してきたように、ＰＢ規律を凍結、または緩和すること。そして一刻も早く国土強靱化に向けた投資に舵《かじ》を切ることに尽きます。

先述した巨大災害が発生するのが明日なのか、三十年後なのか、それは誰にも分かりません。しかし、起こらない可能性はほぼゼロであり、一刻の猶予《ゆうよ》もありません。国民を守り、国家の衰退を回避するためにも、政府には強い意志を持って国土強靱化を可及的《かきゅうてき》速やかに実行すること、そしてそうした投資拡大を基軸としてデフレ脱却を確実なものとすることを求めます。

日本がいまの窮状から脱して真に豊かな国家となるためにも、私はこのことを一人でも多くの政治家の皆さん、一人でも多くの国民の皆さんに理解していただくべく、これからも積極的に情報発信を続けていく考えです。

こうした言論活動は極めて地道であり、時には徒労感に苛《さいな》まれることもあります。しかし、深夜零時から二十四時間かけて、一分ごとに倍々に咲いていく蓮池《はすいけ》の花は、開花を始める深夜零時の僅《わず》か数分前までその気配を見せません。それでも水面下で着実に開花の準備を重ね、時がくれば一斉に咲き乱れるのです。

蓮池が美しい花で満ち溢《あふ》れるように、日本が豊かな二〇五〇年を迎えることを信じて、私はこれからも提言を続けていく考えです。

各界の識者に聞く 3

水を制する者は国家を制する

世界人口の増加などにより、
水不足が年々深刻さを増している。
水問題解決のため国内外で活動を続ける吉村和就氏に、
日本が水資源に恵まれた
豊かな国であり続けるための道をお話しいただいた。

吉村和就

グローバルウォータ・ジャパン代表

よしむら・かずなり—昭和23年秋田県生まれ。大学卒業後、企業勤務を経て、平成10年国連ニューヨーク本部、経済社会局・環境審議官に就任。17年グローバルウォータ・ジャパン設立、代表に就任。著書に『水ビジネス—110兆円水市場の攻防』（角川書店）『図解入門業界研究 最新 水ビジネスの動向とカラクリがよ～くわかる本』（秀和システム）など多数。

世界で展開される熾烈な水の争奪戦

私たちが普段、当たり前のように使っている水。このありがたさを十分に理解している人は、いまの日本では少数派かもしれません。

国連加盟国百九十三か国のうち、自国で豊富な水源に恵まれている国は僅《わず》か二十一か国。さらに、蛇口から出てくる水を安全に、安心して飲める国は、日本を含めてたった十一か国しかありません。

私たち日本人は、日々潤沢《じゅんたく》に水を使える環境に浸《ひた》り切っているため、そのありがたみを忘れてしまいがちです。しかし世界ではいま、年々深刻化する水資源の不足によって、熾《し》烈《れつ》な水の争奪戦が展開されており、私たちが使っている水も、いつ入手困難になってもおかしくない状況にあるのです。

地球の人口は増え続けていますが、地球上の水資源の総量は約十四億立方キロメートルのまま変わることはなく、その九十七・五%は海水で、淡水は残りの二・五%。そのうち人類が経済的に使える淡水は僅か〇・〇一%に過ぎません。現在八十億人の人類が、この〇・〇一%の水を奪い合いながら暮らしているのが世界の現実です。私も出席した「国連二〇二三水会議」でグテーレス国連事務総長は、現在八十億人の人口の半分、四十億人が三十年以内に水の危機に直面すると警鐘を鳴らしています。

こうした水不足に拍車をかけているのが、深刻な水質汚染です。長らく問題視されてきた工業廃水ばかりでなく、農業由来、即《すなわ》ち農薬による汚染も拡大しています。加えて近年問題視されるようになったのが、マイクロプラスチックによる海洋汚染です。大量に投棄されるプラスチックごみが直接海を汚すばかりでなく、それを取り込んだ魚介類を食べることによる健康被害が懸念されているのです。

もう一つの大きなリスク要因が、気候変動です。ヨーロッパを流れるライン川では、渇《かっ》水《すい》のため物資輸送の大型船が一時期運行できなくなりました。舟運《しゅううん》で比較的安価に賄《まかな》えていた物流を陸運に転換せざるを得なくなり、輸送コストが大幅に上昇してしまったのです。また、温暖化に伴う海面上昇によって、エジプトのナイル川では地中海の塩水がピラミッドの辺りまで遡上《そじょう》して、国の農業を支える流域の小麦農家に大打撃をもたらしています。インドネシアの首都ジャカルタでは、地下水に塩水が入って使えなくなり、首都の移転まで余儀なくされています。

日本でも、二〇一八年夏季に信濃川で十一キロ上流まで塩水が遡上したことがあります。

日本の水道は、主に河川から引いた水を浄水場に集めて処理し、供給しているため、今後塩水遡上がさらに深刻化すれば、水道水の供給に大きな支障を来すようになるでしょう。

生成AIや6Gが水を「がぶ飲み」する

最新トピックスとして見過ごせないのが、情報通信の問題です。いまや社会生活に不可欠となったITやAI。これを裏で支えるデータセンターでは、オペレーティングコストの約七割を電気代が占めており、その内の八割はそこで発生する熱の冷却に使われます。

これに拍車をかけているのが、生成AIの登場です。処理すべき情報量は桁違いに増え続けており、世界中で約一万三千のデータセンターが稼働しています。驚くべきは、我われが生成AIに質問を一つ入力する度に、約二リットルの水が消費されることです。質問の答えを導き出すために、約一万三千のデータセンターが収蔵する全データにナノ秒でアクセスし、あらゆる関連データを拾って項目毎《ごと》に並べるため膨大な熱が発生し、これを冷却する際に約二リットルの水が消費（蒸発）されるのです。

現在、アメリカにあるデータセンターで一日に使用される水の量は約八百万トンと言われています。東京都に住む一千四百万人が一日で使う水道水の量が四百五十万トンですから、ＡＩがいかに膨大な水を「がぶ飲み」しているかが分かります。オレゴン州やカリフォルニア州では、水道水の三分の一がグーグルやオラクルなどの巨大ＩＴ企業が運営するデータセンターによって消費されており、これに反発する住民とのトラブルが訴訟にまで発展しています。

今後、次世代の通信システムである５Ｇからさらに進化した６Ｇが導入され、車や産業機械の自動運転が本格導入されると、情報通信の高速化、大容量化はさらに進み、水の消費は爆発的に増加していくことでしょう。人間の追求する便利さが、水不足をさらに深刻化させることが懸念されるのです。逆に言えば、水がなければ国や社会、企業活動を支える生成ＡＩや情報通信が成り立たないのです。

三百年前にＳＤＧｓを実践していた日本

世界の水問題がこのように深刻化する中、日本の置かれた状況も厳しさを増しています。

東京大学の沖大幹《たいかん》教授の提唱する「仮想水」という概念があります。現在、日本の食料自給率はカロリーベースで三十八％。残りの六十二％を海外からの食料輸入に頼っています。これは、その六十二％の食料生産に要した他国の水を輸入しているとも言えるのです。

これをもし国内で賄うとすれば、約六百億トンの農業用水を確保しなければならない計算になります。現在日本が農業用に使用している二倍以上の水が必要になり、たちまち水不足に陥ってしまいます。結局、いまの日本の食料は世界の水資源によって支えられているというのが現実であり、今後世界の人口がさらに増加して食料が逼迫《ひっぱく》してくれば、日本に供給する余裕はなくなっていくでしょう。

こうした危機的状況を克服し、二〇五〇年の日本を豊かにしていく上で着目していただきたいのが、江戸時代のノウハウや経験です。

江戸時代は、鎖国政策により海外からほとんど物資を輸入していませんでした。しかし当時の人々は、国内で調達できるもので生活をすべて成り立たせていたのです。

農作物はもちろん、山で伐採した木材で家をつくり、い草を加工して畳をつくり、夜の灯りは胡麻《ごま》や菜種油・ロウソクで賄っていました。着ているものが古くなれば雑巾にし、それも使い古せば火にくべて燃料にし、燃やした後の灰は肥料や陶器の釉《うわぐすり》として使いました。人糞も貴重な肥料（金肥）となって農作物を実らせ、町の各所に設けられた公衆便所から放流された小便は、そこに含まれる栄養素（窒素、リン、カリウム）によって江戸湾を豊かな漁場にし、江戸前名物の海苔《のり》、佃煮《つくだに》や寿司ネタとなる豊富な魚介類をもたらしました。身の回りにあるものを徹底的に使い切り、循環させ、持続可能な社会を実現していたのが、人口約三千四百万人の江戸時代末期だったのです。

私が国連にいた時にSDGsについて議論が行われた際、そんなことは日本では既に三百年も前からやっていたと発言すると、参加者から驚きの声が上がり、早速スピーチを頼まれたものです。

水資源が逼迫《ひっぱく》する今後は、日本に昔からあるこうした優れた知恵に、最新のAI技術を加味して、世界各地の水の使用量や汚染度などをきめ細かくモニタリングすることで、限られた水資源を有効利用して、確実に行き渡らせることが十分可能となります。

これに加えて、現在の大都市を中心とする大規模集中型の街づくりを、河川流域を中心とする小規模分散型の街づくりに転換していくことも有効です。江戸時代の末期には全国に約二百八十もの藩が存在しましたが、それぞれ他藩からエネルギーの供給を受けることなく、自立して社会を運営していました。この歴史に学び、日本に百十三ある大河川の流域を中心とする経済圏を形成していくことで、地域毎に十分な水資源を確保できると共に、独自の資源や特色を活用し持続可能な社会を構築していくことで、地方創生も可能になると私は考えています。

人口が一億人を下回っても幸せな国であるために

日本は、水に関する優れた技術を多数保有しており、これを活用して世界の水問題解決に貢献していくことも重要です。かつてカビ臭の酷《ひど》かった大阪の水は、オゾンと活性炭を活用して浄化することで、ほぼ原水に近い状態で供給されるようになりました。この高度浄水処理技術によって、臭いの問題はいまでは完全に解消されています。また、水質分析や下水処理でも日本には非常に優れた技術があり、逆浸透膜による海水淡水化技術においては世界一です。

地球人口は今世紀半ばには百億人を超えると言われており、世界の水不足はますます深刻化していくものと思われます。中でもとりわけ人口増加が著しく、そしてインフラの十分整っていない東南アジアやインドでは、日本の優れた技術が求められるようになるでしょう。日本が世界の水問題解決に貢献していくことは、それが巡り巡って輸入食料や国内の水資源の確保にも結びついていくはずです。

そのために求められるのが、優れたリーダーシップです。生前にお世話になった自民党の中川昭一先生は、日本を守るためには水の安全保障が必要だと主張され、私たち水の専門家を自民党本部に集めて五十三回にわたり勉強会を開いてくださいました。志半ばで急《きゅう》逝《せい》されたことが残念でなりません。

いまの日本には、ここまで記してきた問題以外にも、インフラの老朽化に伴う水災害の頻発や、他国による水源地の買収など、水にまつわる問題が山積しています。中川先生のように、水資源の重要性を熟知し、確固たる国家戦略に基づいて多くの人を動かせること。加えて、優れた外交能力と発信力で世界に貢献していくリーダーの出現を、私は心底願っています。

少子高齢化の進む日本の人口は近い将来一億人以下に減少し、それに伴って国力も大きく損なわれてしまうことが懸念されています。しかし世界を見渡せば、イギリスの人口は六千八百万人、ドイツは八千三百三十万人、フランスは六千四百九十万人。一億人以下でも十分豊かな社会を維持しています。

日本も、人口が減っていくことを悲観的に捉えるのではなく、先人の知恵と最新の技術を駆使して新しい街づくりに真剣に取り組んでいくこと。それによって、人口が一億人を下回っても幸せな国民生活を維持していくことは十分可能であると私は考えます。

水を制する者は国家を制する。この自覚をもとに水資源に恵まれた豊かな国づくりに邁《まい》進《しん》していくことによって、日本は二〇五〇年に必ず立ち上がることができる。私はそう確信しています。

各界の識者に聞く 4

日本農業のあるべき姿

日本の食料自給率は年々目減りし、
実質18％に落ち込んでいるとも言われる。
暗い影を落としているのが
日本の食の土台たる米の収穫減、農村の衰退だ。
米作り農家として国の減反政策に抗い、
「若者が夢と希望を持てる農業の創造」に
人生を懸けてきた涌井徹氏に訊く、
日本の農業の生き筋。

涌井 徹

大潟村あきたこまち生産者協会会長

わくい・とおる―昭和23年新潟県生まれ。農業専門学校を卒業後、45年21歳で秋田県大潟村に入植。62年大潟村あきたこまち生産者協会設立。同社を〝新農業政策のモデルケース〟と呼ばれる有力企業に育て上げる。令和3年パックごはんの販売を開始。近著に『大地を起こし、農を興す』（秋田魁新報社）がある。

米不足で露呈した日本農業の脆弱さ

二〇五〇年の日本を考えた時、私が感じることを率直にお伝えします。この国ではもう、農業がなくなっているかもしれません。

現在、日本の就農人口のうち、農業を生業《なりわい》にする基幹的農業従事者の数は約百三十万人で、平均年齢は六十七〜六十八歳と高齢化が進んでいます。これが十五年後、二〇四〇年には三十万人まで落ち込むとの試算が出ています。

これだけでも農業の危機は明らかですが、最近『日本農業新聞』で驚くべき数字が出ました。僅《わず》か五年後の二〇三〇年、日本の耕作面積（田畑）が二〇二〇年と比べて九十二万ヘクタール減ると言われております。東北地方の耕作面積が八十一万ヘクタールであることを考えれば、事の深刻さが伝わるはずです。

私が二十一歳で秋田県の大潟村《おおがたむら》に入植し、米作りを始めた一九七〇年、国全体で年間千四百万トンの収穫がありました。それが現在は七百万トン。田んぼが半減したも同然の数字です。

後で触れますが、五十年以上続いた減反《げんたん》政策の影響は深刻です。減反は戦後の米余りに対する生産調整の名目で始まった政策です。農地に対する作付面積に事細かな制限が設けられ、過剰に植えた稲は否応なく刈り取り（青刈り）の対象になりました。昨夏、話題になった米不足は様々な要因が囁《ささや》かれています。農家の私に言えるのは、減反政策の長期化による根本的な生産力の低下が招いた事態だということです。

米価が前年同月プラス一万円以上で高止まりしており、農家にはよいことだと思われがちですが、物価高の中、これが続けば消費者が安い海外の小麦や米に移ってしまい、再び米が余り、いま以上に離農者が増える恐れがあります。いま、既存の農業構造そのものが存続の瀬戸際にあるのです。

減反政策に抗って打ち立てたモデル

暗い話が続きました。まず断っておくと、日本の農業が廃《すた》れるという未来予想は、すべて過去の延長線で考えた時の話です。本稿では私の体験を踏まえ、日本農業の活路を示したいと思います。

私は五十五年前に秋田県の大潟村に入植しました。戦後の食料難に備え、米増産の拠点とすべく日本で二番目に大きい湖だった八郎潟を干拓してできた村です。

農地面積は約一万二千ヘクタール。故郷新潟で米作りに取り組んでいた私は、大潟村に入植すれば十ヘクタール、実家の七倍の農地が与えられると聞き、希望に胸を膨らませて家族で入植しました。

しかしこれが闘いの幕開けでした。減反が始まり、村の五百八十九戸の農家が米の生産を制限されたのです。仕方なく余った農地に野菜を植えるも、水はけの悪い干拓地ではうまくいかず、畑作を頑張るほど借金が嵩《かさ》んでいきます。

このまま減反政策に従ったら自分も大潟村を出なければならなくなる。その思いで仲間と決起し、指導に従わず米作りを始めると、連日行政や全国のＪＡグループから様々な非難を受けました。それでも私は、農業で生きるため、米を作ることをやめませんでした。

作付けされた米は、集荷団体に買い取りを拒否されたため、自分で販売先を探しました。このように減反政策に従わずに栽培された米を村外に運び出せないよう、大潟村の出入口すべてに検問所が設けられたのは一九八五年。その圧力の下、減反政策に従わず栽培した米を売ったとして農家三名が食管法違反で摘発される事態に発展しました。

ところが、裁判の結果三名は不起訴となりました。この時ようやく、農家が自分の田んぼに稲を植えて自由に売る、という当たり前の権利が認められたのです。

これは、私にとっては新たな農業のスタートでした。一九八七年、三十九歳の時、減反政策に従わなかった農家が栽培した米を売るため、「大潟村あきたこまち生産者協会」を立ち上げました。

以後も、私は減反政策に従わないことで「日本農業の破壊者」「公序良俗に違反している」と言われ続けました。私にとってはこの道以外に生きる道がないとの思いで、今日まで必死に生きてきたのです。

農家が生き残るために忘れてはいけないこと

現在、米の生産量が下降線を辿《たど》る一方、小麦の輸入量が増えています。国民一人当たりの一日の摂取カロリーのうち、国産品が占める比率を割り出すと、実質自給率は十八%だと説く専門家もいます。このままでは世界で最も自給率の低い国へまっしぐらです。

大潟村は長い闘いにより、一戸当たり十五ヘクタールの広い農地に自由に稲を植え、自由に米を売ることができるようになりましたが、ここまで来るには多くの犠牲を払いました。減反政策が続いた五十五年という長い歳月は、農家の二代に相当します。農家には減反に見合う設備しかないため、隣の農家がやめるからとむやみに農地を買い足せば借金が増えるだけです。減反政策は、農家が米を増産することができなくなったばかりでなく、農家の心から生産意欲も失わせることになりました。

この時代に、若者が夢と希望を持って参入できる農業を創るということは、とても難しいことですが、それはいま、我われが解決しなければならない命題です。

私たちは農業をこれまでの「家業」から「産業」へ、進化させるべき時に来ています。そのための大事な考え方の一つは、自分の土俵を創ることです。当社では消費者の生活の多様化を捉え、いち早く無洗米や発芽玄米（栄養機能性食品）、日本で全く知られていなかった米粉食品、非常食等の開発に乗り出し、販売してきました。

二〇一一年には村内の農業生産法人と秋田県初の「パックごはん」事業を始めました。市場は大手企業の寡占《かせん》状態でしたが、全国の量販店に飛び込み営業したことが功を奏しました。全国の量販店がパックごはんの売り先になり、国内はもとより海外への輸出にも取り組んでおります。

減反政策の根本的な問題は、国内の消費を前提にしていたことです。海外に目をやれば人口が劇的に増え、食料が足りていない国がたくさんあります。私は日本農業の未来に、無限のチャンスを感じています。

農業はいま、第二の〝産業革命〟の中にある

こういうチャンスを全国の農家がものにするために必要なことの第一は、人手不足解消のための農地の大区画基盤整備と集落営農法人（集落を単位として農業を営む経営体）の育成です。

いままで離農者の農地の引き渡しなどは、農家個人間で行われてきました。しかし、地主不在、相続ができていない農地が放置される等、農家自らが農地の集約・集積を行うことは限界です。これを一定の法手続きにより、所有者の了解なしに農地の基盤整備と集約ができる体制にすべきです。

これまでは農地が家の〝財産〟とされてきたため農地の集約が進みませんでしたが、これからは農地を〝道具〟、共有のプランターとして活用する時代です。農地を集約すれば百～二百ヘクタールは比較的容易に経営できます。この発想の転換が後継者を他業界・他地域から募ることを可能にします。

第二はスマート農業の推進です。私は国の研究機関である国立研究開発法人農業・食品産業技術総合研究機構（以下、農研機構）と、国内最大手の通信企業ＮＴＴ東日本、そし

てＮＴＴアグリテクノロジーと共同で「遠隔営農支援プロジェクト」を進めています。

昨今は農業指導員が減り、農業に志を持って田舎に帰っても家族以外に知識を得る術《すべ》が少ないのが現実です。そこで農研機構に掛け合い、あるプロジェクトに取り組みました。同機構が有する日本最先端の農業技術を、ＮＴＴアグリテクノロジーが手掛ける遠隔営農支援システムを活用し、全国の農業者に配信するというものです。将来はいま以上に指導員が不足することが考えられるため、穀物から野菜まで多様な農産物の栽培状況をＡＩが自動で判断し、営農指導ができる未来を目指しています。

第三は、各地で増えている廃校の活用。地方では離農者が土地を移ると子供が減り、学校がなくなってさらに人が離れ、衰退が進んでいます。農業の活力が、地域の盛衰を決めています。

実は現在、建設を進めている二つ目のパックごはん工場は、廃校を改築したものです。多くの教室や広い体育館を持つ校舎は、ライスセンターとしても活用できます。農業はただ米や野菜を作るだけの一次産業から、加工・販売も自前でやる、いわば六次産業化を目指すべきであり、地域にあるものを活かせば可能になります。

そんなことはお金がないからできない、と考える方がいるかもしれません。そこで国に対して強く求めたいのは、農協に集まる全国の農家の預金を海外投資に運用している農林中央金庫に対し、その預金を日本農業の再生に活用するように、という指導です。

農林中央金庫の海外投資は、投資利益を農協に還元することが目的でした。ところが、二〇二四年に債権評価で三兆円弱の損を出し、二〇二五年三月期通期で二兆円の赤字が発生する見込みです。

このような海外投資が行われるのは、農協が減反政策に同調し、農業に投資できない状況を自らつくってきたからに他なりません。あらゆる産業において、自らの産業で得た利益を他の産業に投資をして成功した例を私は知りません。農林中央金庫が、農家から集めた預金を海外投資ではなく、日本農業に投資をするよう、全国の農業者は声を上げる必要があるのではないでしょうか。

農産物に賞味期限があるように、社会システムにも賞味期限があります。手作業だった田植えや稲刈りが機械に変わったことが農業における第一次産業革命でした。

いまは、既に農業がAIやロボットを活用する時代が来たように、農業が家業から産業へ変わる第二次産業革命の時代です。様々な面で既存の構造が限界に達したいまこそ、変化のチャンスです。

農業問題を農家の問題と考えているうちは、農業の未来は見えません。農業問題を国民の問題として皆が意識した時初めて、二〇五〇年の日本に明るい未来が開けるのではないでしょうか。

各界の識者に聞く 5

日本語なくして日本人なし

多様性と逆行する英語の圧力、
隣国で繰り広げられる少数民族への言論圧殺、
古文・漢文の衰退……。
この現状を憂い、「日本語は岐路に立たされている」と
警鐘を鳴らす齋藤孝氏。
日本語教育の第一人者である氏に、
現在の日本語が置かれた危機的状況と共に、
日本語を守り活路を見出す術を伺った。

齋藤 孝

明治大学文学部教授

さいとう・たかし―昭和35年静岡県生まれ。東京大学法学部卒業。同大学院教育学研究科博士課程を経て、現在明治大学文学部教授。著書に『国語の力がグングン伸びる1分間速音読ドリル』『齋藤孝の小学国語教科書　全学年・決定版』『齋藤孝のこくご教科書小学1年生』（いずれも致知出版社）など多数。

日本語は意識的に守らなければ継承できない

日本人として生を享《う》け、日本語と共に生きてきた私は、日本語こそが日本の最大の財産だと思っています。もし日本列島に住む人々が一人も日本語を話さなくなったとしたら、日本人は存在すると言えるのかと問われれば、存在し得ないというのが私の考えです。

なぜなら、日本人は日本語を母語として育つ中で、日本人的な思考や感性を身につけてきたからです。私たちが個人的な考えや感情と勘違いしているものの多くは、脈々と継承されてきた精神に他なりません。つまり、先人の努力によって形を変えながら受け継がれてきた文化が日本語であり、私たちはこれを次世代に伝えていく責務を担っているということです。

その意味で日本語がなくなった場合、従来有してきた日本文化や伝統の維持は困難を極めます。日本人のアイデンティティーが失われていった時には、もはや日本人は存在しないも同然でしょう。

大半の日本人は、日本語は水や空気のように存在し、当たり前に享受できるものだと捉《とら》えているのではないでしょうか。しかし世界を見ると、少数言語は常に存続の危機に直面しており、消滅してしまった例も少なくありません。そしていま私は、日本語は意識的に守らなければ継承できない、継承の努力を怠《おこた》ればいつか消滅しかねないと危惧しています。その理由は主に三つ挙げられます。

一つ目は、人口減です。現在日本語を母語とする人の数は約一億二千五百万人で、日本の人口とほぼ同数です。二〇二四年度の調査では世界十一位の順位ですが、今後日本の人口は急激に減ると予測されているため、その分日本語を話す人の総数は減少の一途を辿《たど》ります。これは由々しき事態です。

二つ目は、日本が置かれている国際的な地位及び国力です。経済力や軍事力を含めた国の総合的な力が縮小傾向にあると、言語の立場も比例して弱まってしまいます。

現在の世界ではグローバリゼーションの潮流に乗じて、英語を国際的な共通語にしようとする圧力が大きくなりつつあります。日本も例に漏れず、英語を社内公用語とする企業は少なくありません。これらの企業では、英語を話せるか否かが昇進を大きく左右します。逆に言えば、英語力さえ秀でていれば、他の能力が欠けていても評価されるということです。

そうすると、母語を英語に切り替えたほうが恩恵を受けられると考える人が増えていきます。実際、日本のエリート夫婦が我が子を英語しか話さない学校に入学させる話をよく耳にします。入学に際して、学校の先生が「この学校に入ると、日本人には育ちませんがいいですか」と確認すると、構わないと答える人もいるそうです。

確かに英語力を身につければ、様々な国の人と交流ができます。しかし、英語を優先する傾向が強まるほど、日本人が日本語しか扱えないことにコンプレックスを持って生きなければならなくなる。日本語は英語より下の言語だという誤解が子供たちに刷り込まれてしまうということです。日本語を軽視する風潮がやがて広まる、否、既に広まり始めていることは何より恐ろしいと思うのです。

そして三つ目が、突如として言語が奪われる危険性です。人類の歴史を振り返ると、小国が大国に呑《の》み込まれたり、言語が置き換えられたりした例は枚挙に遑《いとま》がありません。さらに民族の言語を暴力的に奪い取ろうとする動きは、現在も着々と進められています。

例えば、中国の新疆《しんきょう》ウイグル自治区では、ウイグル人に対して学校や職場で中国語を強要する言論圧殺が行われています。既に学校で中国語を強制的に身につけさせられた子供たちは、教育という名の下に人間性まで捻《ね》じ曲げられ、中国語を話せない両親や自民族を馬鹿にしたり敵視したりするようになっているといいます。

ある言語が他の言語に置き換えられ、元の言語を話す人が減っていけば、それを復活することは容易ではありません。ゆえに民族の魂を奪うには、文化の象徴である言語を奪うことが一番強烈かつ悪質なやり方ということです。

こういった問題は、日本にとっても対岸の火事ではありません。現在の日本は深刻な人手不足から外国人の流入がどんどん増加しています。そこで彼ら独自の社会、日本語を公用語としない街が増えていくことになれば、日本人のこれまでの社会のあり方が変わっていく。これは日本語の継承にとって憂慮すべき事態だといえます。

言語は民族にとって最重要のものであり、いわば生命線です。母語を大切にすることは基本的人権の範疇《はんちゅう》に含まれるはずです。そして多様性が謳《うた》われる現代の思想に照らし合わせると、言語の多様さこそが思考や感情、文化の多様性を保証することに繋《つな》がるのです。

素読はすべての学習を支える言語的な基盤を養う

そもそも、日本語の起源は明確ではありません。中国語やインドヨーロッパ語族とは構造的に違います。漢語を輸入する以前に、長い年月、日本語の文型と大和《やまと》言葉が話し言葉として使われてきました。「象は鼻が長い」は日本語らしい文型です。大和言葉の「春」の語源として、晴る、張る、墾るなどが考えられますが、語感としてはどれも含み込まれている感じがします。大和言葉においては音と意味が不可分です。

そうして大和言葉が長い歴史を刻んできた日本語は、外国語である漢字を取り入れたことによって、文字で書き記すことができるようになりました。その後、漢文を通して日本語は洗練されていき、明治時代に西洋語の翻訳が推し進められます。特に医学や法学の分野で西洋の膨大な言葉を翻訳した結果、日本語の語彙《ごい》は爆発的に増加しました。このように、日本語は外来の言葉を吸収しながら力を培っていき、語彙や感性の豊かな言語へと進化を遂げてきたのです。

ただ、江戸や明治の時代と比べると、現代の日本人は読書離れの影響で漢語に関する素養が失われつつあると言わざるを得ません。

江戸時代の教育では、幼い頃から素読《そどく》が行われていました。素読は意味を理解するというより、何度も音読し言葉を体に刻み込む学習法です。『論語』『童子教《どうじきょう》』を筆頭に、漢文の書き下し文で書かれた格調高い文章を素読することで、思考が明確になります。ひいては、すべての学習を支える言語的な基盤が養われていくのです。

日本の歴史の中で最も画期的な出来事は、明治維新がもたらした近代化の成功です。この近代化を牽引《けんいん》したのは、江戸時代生まれの英傑たちに他なりません。精神は文化であり、言語文化とセットです。ゆえに彼らが受けていた教育、すなわち文語体を中心に据えた素読のよさは見直されるべきです。

互いの言語を認め合うことが多様性のあるべき姿

以上の観点から日本語を守るために何を為すべきか。何より求められているのは日本語を内側から守るという自覚であり、その意識を養うのが読書や素読の習慣です。

身体はすべての学びの土台にあるものです。私は身体文化の上に精神文化があって、さらにその上に心が乗っているという鏡餅のようなイメージで捉えています。身体と精神に支えられているからこそ、心の安定に繋がります。

そういった側面から見ると、素読は精神文化を身体文化として捉える作業と言えます。例えば、夏目漱石の作品を素読することで、漱石の語彙を身につけ、漱石の思考が自分の感覚に落とし込まれていく。この過程を通じて、読んだ人々が古人の尊い精神を継承し、分かち合うことができるのです。

だからこそ、『徒然草《つれづれぐさ》』や『源氏物語』といった名文に親しむ機会を増やすことが、日本の精神文化、言語文化を継承する一番の手立てだと信じています。私が『にほんごであそぼ』というＮＨＫＥテレの子供番組の総合指導を二十年近く続けているのも、そうした思いがあるからに他なりません。

もう一つ、極めて大切な役割を担うのが国語の教科書です。昨今の国語の教科書は絵や写真が多く読みやすくなった半面、活字量が極端に少なくなっていることに愕然《がくぜん》とさせられます。また、高校国語の教科書は文学よりも契約書や解説書などの実用文に重きを置いた内容に移行し、いまや文学を学ぶことなく高校生活を終える学生さえいる状況です。

文学はきめ細かな感情や論理性を含む優れた言葉で構成されています。目先の実用性を重視するあまり、過去の名文に触れる機会が著《いちじる》しく削《そ》がれてしまえば、先人の尊い精神を継承することができなくなる、言語の持つ力が損なわれる危険性を孕《はら》んでいるのです。

ですから、文学と実用文をバランスよく織り交ぜた教科書を推進していくことが、健全な日本語力の育成に繋がると私は考えます。

ここまで日本語が置かれた現状と課題を様々な角度から論じてきました。二〇五〇年の日本に向けて明るい未来を語るとすれば、いま日本語の魅力が海外から認められつつあるということです。

例えば『アイドル』という曲が世界中で大ヒットし、若者から絶大な支持を集める音楽ユニット・ＹＯＡＳＯＢＩ《ヨアソビ》の楽曲には外来語がほとんど使われておらず、奥ゆかしい日本語を駆使して人々を魅了しています。実際、彼らが海外公演で英語版の楽曲を披露したところ、むしろ海外の観客が日本語の歌詞で大合唱していたのです。

他にも、ＹｏｕＴｕｂｅにある人気アニメの主題歌のコメント欄は、外国人の書き込みで溢《あふ》れています。「日本人の心に触れた気がする」「日本語は奥深い言語だと知った」というコメントを目にする度、日本語が一つの文化として愛されていることをしみじみ感じます。お互いの言語をリスペクトし、その魅力を認識し合って交流する。これが本来あるべき多様性の姿であり、我われが目指すべき世界のあり方ではないでしょうか。

そして日本の精神文化の継承という点では、先ほど述べた通り古典の音読が欠かせません。私の一番のお勧めは『平家物語』の那須与一《なすのよいち》が扇《おうぎ》の的を射落とす場面です。『平家物語』は和文と漢文が融合した和漢混淆文《わかんこんこうぶん》の頂点として、和文の滑らかさと漢文の力強さの両方が味わえます。また、「これを射損ずる物ならば、弓きり折り自害して、人に二《ふた》び面《おもて》をむかふべからず」という一節からは那須与一の並々ならぬ覚悟、日本精神の神髄に触れることができるのです。

私は「No Japanese, no Japanese」という言葉を標語のように唱えています。翻訳すると、

「日本語なくして日本人なし」となります。言語と民族は不可分の関係にあるのです。

だからこそ、当たり前に使っている日本語の素晴らしさを再認識してほしい。何もしなければ自然環境が守られないのと同様に、日本語も努力しなければ守れないということを自覚してほしい。基本は読書文化です。先人の遺した言葉を受け取り、次世代へと受け継いでいくことで二〇五〇年、さらにその先の未来まで日本語が継承されていくと私は信じています。合言葉は、読書立国です。

［対談］

日本の技術に未来はあるか

月尾嘉男

東京大学名誉教授

つきお・よしお――昭和17年愛知県生まれ。40年東京大学工学部卒業。46年東京大学大学院工学系研究科博士課程修了。53年工学博士（東京大学）。都市システム研究所所長、名古屋大学教授、東京大学教授などを経て平成15年東京大学名誉教授。その間、総務省総務審議官を務める。『日本が世界地図から消滅しないための戦略』（致知出版社）『AIに使われる人AIを使いこなす人情報革命に淘汰されないための21の視点』（モラロジー道徳教育財団）など著書多数。

小惑星探査機「はやぶさ」や自動車のエンジン制御、プリンタやカーナビ、スマートフォンまで、様々な電子機器に組み込まれ、世界の産業を支える純国産OS（オペレーティングシステム）のTRON（トロン）。その開発者である坂村健氏と、科学技術をはじめ様々な分野に深い知見を持つ月尾嘉男氏に、日進月歩の技術革新のいま、日本が直面する危機的現状と共に、将来訪れる未来社会に向けて、国が採るべき方策、一人ひとりに求められる生き方について語り合っていただいた。

坂村 健

YRP ユビキタス・ネットワーキング研究所所長

さかむら・けん―昭和26年東京都生まれ。54年慶應義塾大学大学院工学研究科博士課程修了、工学博士。東京大学教授を経て平成29年東京大学名誉教授。平成14年YRPユビキタス・ネットワーキング研究所所長。29年INIAD（東洋大学情報連携学部）学部長を経て令和6年INIADcHUB機構長。平成15年紫綬褒章、18年日本学士院賞、27年ITU 150 Awards受賞。令和5年IEEE Masaru Ibuka Consumer Technology Award受賞、「TRONリアルタイムOS ファミリー」がIEEE Milestone 認定。6年「瑞宝中綬章」受章、「トロン電脳住宅」がIEEE Milestone 認定。『DXとは何か』（角川新書）など著書多数。

気心知れた先輩・後輩の間柄

坂村　月尾さん、ご無沙汰しております。失礼ながら思っていた以上にお元気そうで、全然お変わりありませんね。むしろ年下の私のほうが弱ってきている（笑）。

月尾　坂村さんとは長年の付き合いですが、最初にどこで出会ったのか、よく覚えていないのです。私が東京大学から名古屋大学に移ったのが一九七六年。坂村さんが慶應義塾大学大学院を卒業して東大に来たのが一九七九年で、すれ違いですから、おそらく大学ではなかったと思います。

坂村　私も最初の出会いは忘れましたが、大学ではなくて、共通の知人を通じていろいろな場所でお会いしたのがご縁の始まりだったと思います。とにかく、月尾さんのことは大学の大先輩として早くから存じ上げていて、すごい人というか、普通の学者ではなかった。

　印象的なエピソードはたくさんありますけれども、例えば、月尾さんが仕事の関係で東大と名大を行き来されていた時、新幹線を使っていると思いきや、車で行ったり来たりしていると伺って本当に驚嘆しました（笑）。

月尾　その頃、静岡の伊豆に住んでいたのですが、私は車の免許を持っていないので、実際に運転してくれていたのは妻でした。

坂村 それにしても、東京と名古屋を毎回車で移動するというのは普通ではありません。また高知県でシンポジウムを開催するから来ないかとお声掛けをいただいた時も、会場に月尾さんの姿が見当たらない。最後にお会いできたと思ったら「いままで四万十川《しまんとがわ》でカヌーに乗っていた」とおっしゃるので、なんですか？ って聞き返したのをいまも覚えています（笑）。

また、私の書いた論文が学会から賞を受賞した時には、「こんな賞を一個もらったくらいで喜んでいてはだめだ。もっと頑張れ！」と励ましていただいた。

ですから、ああ、普通のことをやっていてはだめなんだ、満足せずどんどんやり続けなくてはいけないのだと思うようになったのは、間違いなく型破りな月尾さんの影響です。この姿勢は、いまも研究者として大切にしています。

世界が認めた国産ＯＳ「トロン」

月尾 私が坂村さんを尊敬しているのは、何といっても学問的業績です。これはぜひ多くの日本人に知ってもらいたいことです。

坂村さんが開発した純国産OS「トロン」は、小惑星探査機「はやぶさ」やH2Aロケット、自動車のエンジンをはじめ、カーナビ、プリンタや複合機、デジタルカメラ、スマートフォンに至るまで、様々な電子機器の内部に組み込まれていて、いまや世界の産業にとって不可欠な技術になっています。

しかも、坂村さんはご自身で開発したトロンの技術を特許などで囲い込まずに、世界の誰もが使えるようにオープンにした。そこが坂村さんのすごいところです。

坂村　後から詳しく触れますけれども、技術をクローズにせずオープンにしたことが、結果的にトロンが発展・普及していく上で大きな原動力になりました。いまのAIの急速な発展もそうですが、技術をオープンにすることで多くの人の知見を得られただけではなく、世界の多くの人に活用してもらえるようになったのです。

月尾　私が嬉しかったのは、二〇二三年に電気・情報工学分野における世界最大の学術研究団体IEEE（米国電気電子学会）により、トロンが「IEEEマイルストーン」に認定されたことです。

IEEEマイルストーンは、電気・電子分野の画期的イノベーションの中で、少なくとも公開から二十五年以上経過し、社会や産業の発展に大きな貢献を果たした技術に対して、その歴史的業績を認定する制度です。日本ではあまり知られていませんが、ＩＥＥＥマイルストーンへの認定は日本が誇るべきことであり、ノーベル賞にも匹敵する快挙だと思います。

坂村　二〇二四年の十二月でトロンの開発、トロンプロジェクトが始まってから四十周年の節目を迎えました。長きにわたる取り組みが評価されたことは、本当に嬉しいですね。東京大学の関係としても初めての認定だったようです。

月尾　それは知りませんでしたが、それだけ認定されるのが難しいということです。

坂村　ＩＥＥＥマイルストーンの認定が難しいのは、論文が評価されるだけではだめで、その技術が実際に産業界で使われ、成功していなければならない点です。月尾さんがおっしゃったように、いまトロンは、世界の様々な電子機器の内部に組み込まれ、いろいろな重要な処理を行っています。組み込み型のＯＳとしては、世界シェア六十％くらいです。

ですから、これまで何百何千という企業がトロンを活用し、エビデンスを出してくださったからこその認定です。それにトロンプロジェクトは、政府の援助を受けていない民間主体の取り組みですから、協力してくださった企業には、一社一社、感謝の思いを伝えて回りたいくらいです。

月尾　トロンは原理的な研究に留まらず、実際の産業に応用されている。その点で、世界に対する貢献は非常に大きいものがあります。しかし、当初、日本政府はあまり注目していませんでした。私が二〇〇二年から二〇〇三年に総務省総務審議官を務めていた時期に役所としてトロンを表彰しましたが、民間主体で頑張っていた坂村さんからは、あまり感謝されませんでした（笑）。

坂村　いや、そんなことはありませんよ（笑）。あの時から総務省の方々も「何か協力できることはありませんか」とトロンに注目してくださるようになりました。

時代を先取りしたトロン電脳住宅

坂村　実は二〇二三年に続いて二〇二四年にもＩＥＥＥマイルストーンの認定をいただいたのです。何に対してかと言うと、三十五年ほど前に開発した「トロン電脳住宅」です。

私は、当時から未来の社会ではあらゆるモノがコンピュータで制御され、ネットワークで繋《つな》がっていく社会になると考えていました。それで住宅メーカーに、「これからの時代には、自動で人の動きを感知したり、空調を調節したりできるスマート住宅・ビルの時代がやってくる」と説き、そのコンセプトのプロトタイプとして、建物の各所にマイクロコンピュータを埋め込んだトロン電脳住宅を一九八九年につくったのです。

月尾　トロン電脳住宅は、まさにあらゆるものがインターネットに繋がる「IoT《アイオーティー》」の先駆けです。

坂村　ここに使われた技術は、温水洗浄便座やヘルスケアモニター、人感足元灯、一括警報設定などとしてメーカーにより実用化されていきましたが、世界で話題を呼び、海外のメディアに取材を受けたり、私を科学雑誌の表紙にしてもらったりしました。またその後、トロン電脳住宅は「トヨタ夢の住宅PAPI」（二〇〇四年）「台湾u-home」（二〇一〇年）などに発展し、建築業界に貢献していきました。

最近では、コンピュータ・サイエンスやAIに強い人材を育てるべく二〇一七年に立ち上げたINIAD（東洋大学情報連携学部）の建物も、鍵や空調、照明などがすべてコンピュータに繋がっていて、近づくとスマートフォンに自動的にタッチパネルが立ち上がり、操作できるようになっています。

そうした取り組みが、二〇二三年のIEEEマイルストーン認定を契機に改めて注目を浴びるようになり、インテリジェント住宅のパイオニアとしてトロン電脳住宅の認定に繋がっていったのです。先日二つ目のIEEEマイルストーンの贈呈式が東大で行われ、授与されたブロンズ銘板《めいばん》を設置してきたのですが、後進もどんどん続いてほしいと願っています。

日本は既に一流国ではない

月尾　坂村さんのトロンプロジェクトは、日本にとって希望であるといえますが、様々なデータを見てみると、いまの日本はかなり危機的状況にあると思います。

まず日本の最大の問題は人口減少です。いま日本の合計特殊出生率（一人の女性が生涯に産む子供の数）は約一・三人で、世界で百九十七番目に少ない。このままいけば、二一〇〇年には現在の一億二千万人の人口が七千五百万人くらいになってしまいます。これだけ急激に人口が減るのは、日本の歴史始まって以来です。さらに、男女共に高齢化比率は世界一位の老人大国で、結婚をしない若者もどんどん増えています。

したがって長期的な方針として、日本人だけで社会を維持していくのか、海外の移民を受け入れて社会を維持していくのか、決断する分岐点にあると言えます。

坂村　深刻な問題ですね。

月尾　経済もかなり深刻なことになっています。GDP（国内総生産）が中国、ドイツに抜かれて四位に下がっていることも確かに問題ですが、私が懸念しているのは、国債残高のＧＤＰ比率が二百四十％で世界一位だということです。食料やエネルギーの自給率もかなり低くなっていますから、このまま経済力が衰えていけば、これまでのように海外から資源を自由に輸入することも難しくなるかもしれません。

別の視点では、日本は女性の社会進出が非常に遅れていて、国会議員に占める女性比率は世界百三十九位、管理職比率は世界百七十二位で、圧倒的に女性が活躍できていません。人口減少が続く中で、子育てを含め女性が活躍できる環境づくりに取り組んでいくことが喫緊《きっきん》の課題だと思います。

日本がどれほど凋落《ちょうらく》しているかを示す数字があります。スイスのＩＭＤ（国際経営開発研究所）という組織が多数の指標を総合して客観性の高い世界競争力ランキングを毎年発表していますが、一九九〇年代には、日本は三年連続一位でした。ところが、急速に順位が下がっていき、二〇〇〇年に二十四位、二〇二〇年に三十四位、二〇二四年は三十八位と過去最低を記録しました。ちなみに一位はシンガポールで、隣国の中国は十四位、韓国は二十位です。

このような現実にも拘《かかわ》らず、いまだに多くの日本人が自分たちは一流国だという過去の幻影に囚《とら》われている。まずこの危機的な現実を一人ひとりが知り、直視するところから、二〇五〇年の日本をどうするべきか考える必要があると思います。

坂村　おっしゃる通りですね。

月尾　いまの日本は、ベネチアの国家興亡の歴史に重なります。

ベネチアは一五七一年にレパントの海戦でオスマン帝国と戦って歴史的勝利を挙げます。オスマン帝国は当時、ヨーロッパの東半分と中東、アフリカ北部を支配する世界最大の帝国でしたが、ベネチアは日比谷公園の十倍ほどの面積の小国です。なぜそんな小国が勝てたのかというと、戦闘の開始と共にオスマン帝国の約三百艘《そう》の軍船を指揮する司令官を弓矢で射抜いたからです。しかし、その二百三十年後にフランスのナポレオンが攻めて来て、ベネチアは戦うか降伏するか、侃々諤々《かんかんがくがく》の議論の末に降伏する道を選びます。世界のオスマン帝国をも破った国が、二百三十年後にはナポレオンの脅《おど》しに屈して滅びてしまったのです。

その理由の一つは、人口減少です。当時のベネチアでは、独身の男性が六十五％にも達していました。いま日本は二十代の独身男性が七十二％ですから、ベネチアよりも状況は悪化しているわけです。

坂村　日本は当時のベネチアより未婚率が高くなっている。

月尾　それから、ベネチアは世界一の造船技術を持ち、地中海を制覇する海洋国家でした。ところが、オスマン帝国に勝利して慢心している間にポルトガルやオランダ、イギリスにも抜かれてしまいました。先ほどの世界競争力ランキングのように、いまの日本も類似しています。

三つ目には地政学リスク。ベネチアは地中海という閉じた世界の中心でしたが、ポルトガルが新型帆船を開発し、船乗りを育て、世界地図を集め、アフリカ最南端の喜望峰《きぼうほう》を回ってインドに到達したことで、地政学的な地位が完全に変わり、ベネチアは力を失ったのです。中国・ロシア・北朝鮮に囲まれた現在の日本も、地政学的には同じ状況にあると言えます。

いまの日本はベネチアが滅びた条件とあまりにも重なっている。そのことにもっと危機感を強め、対策を考えていかなければ同じ轍《てつ》を踏むことになりかねません。

日本は八十年周期の第三の開国の時にある

坂村　いまの月尾さんのお話に関して、人口・経済について言わせていただくと、日本が発展していた時にはある程度の人口が確保され、国内のマーケットの中で十分ビジネスができたのです。

ところが、どんどん人口が減少して国内のマーケットが縮小してくると、当然、国内のビジネスだけでは限界になってくる。国内が縮小していくのであれば、世界に出ていけばいいわけですが、人種も宗教も文化も考え方も違う人たちと付き合うためには、それなりの勉強や訓練が必要です。すぐに世界に出ていくことはできません。長く国内だけでビジネスができていた日本人は、世界に目を向けた勉強、訓練を怠《おこた》ってきた、そのツケがいま回ってきているのではないかと私は思っています。

月尾　全《まった》く同感です。その意味では、いまの日本は世界に対して国を開いていく〝第三の開国〟が必要です。なぜ第三の開国かというと、日本は西洋列強の脅威に対抗するため明治維新を行い、鎖国から開国へと大転換し、近代国家として生まれ変わりました。

その後、発展し過ぎたために最終的にはアメリカと衝突し、一九四五年に敗戦を迎えますが、そこからソニー、ホンダなどの企業が出てきて一から日本経済をつくり直し、世界の経済大国にまで発展を遂げました。明治維新から敗戦まで約八十年、奇《く》しくも二〇二五年は敗戦からちょうど八十年の節目です。幕末、敗戦時と同じくらいの国家存亡の機にある日本は、この八十年周期を機に、全く新しい国づくりに取り組むべきだと私は考えています。

坂村　とても共感しますが、月尾さんは、具体的にはどのような開国が必要だと考えていますか。

月尾　やはり日本はもっと情報技術に関して開国し、注力していくことが重要だと思います。坂村さんのトロン、電脳住宅が世界で注目され貢献しているように、これからは情報技術が様々なモノを結びつけ、ネットワーク化して全く新しい社会をつくっていく時代です。次にどのような時代が来るのかを、常に考えた国づくりをしていかなくてはなりません。

ところが、情報社会に直結する知識や技術についても日本は世界から非常に遅れています。先述したＩＭＤが「デジタル競争力」という統計も発表していますが、最新データでは、日本は調査対象の六十七か国の中で三十二位という低位にあり、手を打たなければ今後どんどん下がっていくでしょう。

明治維新では、西洋に追いつくために「必ず邑《むら》に不学の戸なく、家に不学の人なからしめんこと」を目標にして、全国に小学校をつくるという大計画を立て実行しました。これが国民の識字率、基礎学力を向上させ近代化の原動力になったわけです。坂村さんはＩＮ

ＩＡＤ（東洋大学情報連携学部）で、情報社会をリードする人材をどんどん送り出しておられますが、明治政府に倣《なら》い、いまの日本もデジタル人材を育成する教育に大胆にシフトし、国民の情報リテラシーを高めていくことが必要です。

例えば、エストニアはデジタル化が最も進んでいる国の一つですが、役所で必要な手続きのほとんどが三百六十五日二十四時間を通じてインターネット経由で行えます。ただし、結婚と離婚だけは平日の日中に役所で行う必要があります（笑）。一方、昼間しか空いておらず、手続きの度に紙の書類を提出しなければいけない日本の役所と比べて、デジタル化・利便性共に桁違いの差があります。この差がこれからの世界では競争力、国力の差に繋がっていきます。

坂村　本当にそうで、他県に引っ越しをする時でも、役所の窓口でまた名前やら住所やらを登録しなければなりませんし、医療においても、病院が変わる度、前の病院のカルテが送れないからといってレントゲンを撮り直すという非効率なことをやっています。国全体として共通の情報技術のインフラをつくってこなかったから、こういう状況になっているのです。

あと、問題なのは、いまの日本には変化するのは嫌だ、新しいことをやらなくても現状のままで何とかなるのではないかという安定志向の人が多いことです。ですから、第三の開国を成し遂げるためには、日本の現状を正しく認識し、人々の意識も含めて、思い切った変革ができる強いリーダーの登場が必要だと思います。

「勉強する場」大学の使命を取り戻す

月尾　教育について残念なことは、海外に出ていく日本人留学生の数が二〇〇四年の約八万人をピークに減少傾向にあることです。少子化や経済的な理由など様々な要因が指摘されていますが、一つ言えるのは、アメリカなど海外の大学は非常に厳しい競争を勝ち抜かなくては卒業できない一方、日本の大学はあまり勉強しなくても卒業できてしまうことです。日本人留学生の減少は、厳しい環境で勉強しようという意欲がなくなっている表れなのではないかと思います。

坂村　実は数日前、大学関係者と議論をしたのですが、その最後に、日本の競争力が落ちていっているのは、大学の教育がだめだからではないかという話が出たのです。

私も大学で教えていますのでその通りだなと思ったのですが、例えば、教授が二十年、三十年前につくったノートをいまだに使って授業しているケースが一部あるのですね。特に理系分野はどんどん技術が進歩していますからそれに追従する必要がありますが、文系分野と言われるものも理論、状況が大きく動いていますので、教える内容もそれに応じて変わっていかなくてはならないはずです。

月尾　それを裏づけるのが、「研究環境」「研究の質」などの指標を基に、イギリスの教育専門誌が発表している世界の大学ランキングです。最新の順位では東京大学が二十九位、京都大学が五十五位、先進国としては決して高いと言えないのが現状です。

もっと深刻なのは国際的な学会に提出する論文数で、日本は十二位。人口が日本の半分以下の韓国（十一位）にも負けています。

坂村　論文数の差は、日本の技術力に大きく影響してきますね。

日本の教育について書かれたある海外のレポートに、日本は高校教育までは世界トップレベルだけれども、大学に入った途端にレベルが下がると書かれていて、ショックを受けたことがあります。でも最近は、ゆとり教育の導入などにより高校までの教育も危うくなっていることを感じます。

それに大学を偏差値でランクづけする受験制度も問題だと思います。偏差値で選ぶと大学に入ることが目的になってしまい、入学後に学生が勉強しないのです。ですから、ＩＮ

ＩＡＤの入試説明会では、偏差値ではなく、ここで本当に勉強がしたい人に来てほしいと伝えてきました。「それでは学生が来なくなります」と言われたこともありましたが、むしろ説明会についてきた親御さんが共感してくださって「ぜひうちの子供を入学させたい」と言われました（笑）。

日本が二〇五〇年に立ち直っていくためには、「勉強する場」という大学の役割を取り戻していくことが非常に重要だと思います。

ブレークスルーが生まれる土壌をつくる

月尾　日本の将来を考えていく上で重要なデータをもう一つ紹介したいのですが、上場すれば十億ドル以上の評価額になるベンチャー企業「ユニコーン」の数が、日本はものすごく少ないのです。

二〇二四年のデータでは、世界のユニコーンの五十一％がアメリカにあり、中国が十九％で二位です。インドやイギリスなどが続き、日本は十四位で世界の一％を占めるにすぎません。ユニコーンは次の時代を牽引《けんいん》する企業だといえますから、その数が世界の一％というのは、日本の将来にとって憂慮すべき状況だと思います。

坂村　日本でユニコーン、世の中を大きく変える革新的な技術があまり生まれていない要因の一つは、ブレークスルーの芽を育てる土壌が弱いことです。日本ではよく「選択と集中」が言われますけれども、それではブレークスルーは生まれにくいのです。

例えば人工知能（ＡＩ）研究の第一人者で、二〇二四年にノーベル物理学賞を受賞したカナダのトロント大学のジェフリー・ヒントン氏は、ＡＩはうまくいくはずがないと言われていた中でも、地道に細々と研究を続けて革新的な業績を打ち立てました。カナダ政府や投資家は、どんな結果に繋がるか分からない研究に対しても、割と幅広く細々と援助をしていたのです。イーロン・マスク氏も、普通は誰も関心がないような分野に投資してブレークさせています。

逆に日本では「選択と集中」で、有名な先生の研究には大金を投じても、無名な学者や芽が出るか分からない研究には、あまり注目もしないし、援助もしません。世界を変えるブレークスルー、イノベーションは「ここに投資したから生まれる」というものではなく、いろいろな人が、いろいろな研究を細々とでも続けていける環境の中から生まれるのです。

月尾　悲観的なことばかり言ってきましたが、いまの日本を代表する大企業も、最初は戦後の貧しい中で生まれた中小零細企業でした。その時はどのような結果になるか分からなくても、何かに一所懸命に取り組んでいる人や新しいことに挑戦している人たちが息長く活動を続け、能力を発揮していける環境、雰囲気を醸成していくことはものすごく大事なことです。

坂村　特に可能性を持った若い人たちが活躍できる環境をつくっていけば、ソニーやホンダに相当する企業、ＧＡＦＡ《ガーファ》（世界を牽引するアメリカの巨大ＩＴ企業：グーグル、アップル、フェイスブック〈メタ〉、アマゾン）とはまた違った新たな情報技術が日本から出る可能性はゼロではないと思います。

　これは有名な話ですけれども、アメリカの音響機器メーカーのＢＯＳＥは、マサチューセッツ工科大学（ＭＩＴ）の教授であるアマー・Ｇ・ボーズによって創業されましたが、当初は会社の事務所を置く場所がなかったのです。すると、ＭＩＴの学長が「じゃあ学長室を使いなさい」と言ってくれて、それからかなり長い間、学長室がＢＯＳＥの本社だったのです。

　日本の大学、企業にもそれくらいの懐《ふところ》の深さがなければ、やはり世界を変えていくブレークスルーは生み出していけないでしょう。

月尾　なぜアメリカから多くのブレークスルーが生まれているか、よく伝わってくる話ですね。

トロンの成功が教えてくれること

坂村　私自身、トロンを構想したきっかけは、大きなことではなく、誰もやらないニッチな分野で勝負しようと考えたことでした。トロンプロジェクトは一九八四年、東大の助手だった三十三歳の時に始めたのですが、当時は大型コンピュータの時代で皆そっちのほうに関心が向いていました。

その頃の大型コンピュータはアメリカのＩＢＭが大きなシェアを占めていて、日本企業はその回路図をもとにＩＢＭのコンピュータと同じ働きをする互換機をたくさんつくって、安く販売していました。ところが、日本の高い技術力に警戒心を強めたアメリカは、ＩＢＭ互換機の製造に圧力をかけるようになり、結局、政治問題にまで発展しました。

月尾　そうでしたね。

坂村　それで一九八二年、通商産業省（現・経済産業省）は国費を投じてＩＢＭのコンピュータとは全く異なる、当時は未知の分野だった人工知能を取り入れた国策プロジェクト「第五世代コンピュータ」をつくり始めました。しかし、当時の技術水準では無理があった。私も初めプロジェクトに参加していたのですが、途中でこの方向性とは違う分野に目を向けるようになりました。

この時、産業機械に組み込んでその機械を動かしたりするマイクロコンピュータ（マイコン）が出てきました。当時は四ビットくらいのパワーで、いまと比べればおもちゃのようなレベルでしたから、これなら一人でも開発できると考えました。そして大型コンピュータで複数の機械の制御をするより、機械ごとに小さなコンピュータを入れて制御し、それらをネットワークで繋げば、すごいことができるという未来が見えて、トロンの開発に取り組んでいったのです。

このような自分の実体験から、大学で教えている若い人たちには、世間で話題になっている分野もいいけれども、皆が注目していない分野を探すのも成功する一つの手だと伝えています。多くの人が小惑星探査機「はやぶさ」の活躍は知っていても、その内部に組み込まれて機械をコントロールしているトロンについては誰も何も言いません。しかし不可欠な働きをしている。そういう分野にこそチャンスがあるのです。

月尾　その通りで、戦後の日本の歩みはアメリカが開拓した市場に二番手で入り、同じような製品を安くつくって市場を奪うという歴史でした。しかしこれからの時代は、日本自らがパイオニアになって誰もやらないフロンティアを開いていかなければ、明るい未来はとても描けません。

ちなみに、コンピュータをネットワークで繋げていくという発想は、どこから得たのですか。

坂村　それはアメリカですね。慶應義塾大学時代に教えを受けた相磯《あいそ》秀夫先生は、「日本の中に閉じこもっていてはだめだ。アメリカに行ってアメリカの学会に論文を発表し、世界に出ていくべきだ」と、先進的な考え方をお持ちの方で、実際にアメリカに行く機会をつくってくださったのです。

それで生意気にも、二十代後半からアメリカの学会に論文を出したり、一九七七年に米西海岸で開かれた第一回「ウエストコースト・コンピュータ・フェア」に参加したりして、アメリカのダイナミックな動きに接し、大きな影響を受けていきました。そうした中で、私の論文発表を見たベル研究所の方が「おもしろい」と言って「(ニューヨークの）研究所で一緒にディスカッションをしないか」と誘ってくれたのです。

私がニューヨークに行くお金がないと伝えたら、その場でぴっと小切手を切って渡してくれました(笑)。その頃はまだ知的所有権の縛りもなかったこともあって、ベル研究所の方々は開発中のソースコードを渡してくれたり、後のインターネットの先駆けとなる「アーパネット」の研究を見せてくれたり、とても親切にしてくれました。これらの学びがコンピュータをネットワークで繋いでいくという発想のもとになったのです。

月尾　とてもいい時代のアメリカで学ぶことができたのですね。

坂村　これもベル研究所の影響ですが、アーパプロジェクトの残骸を元にunix《ユニックス》という情報処理用のOSを研究開発していて、完全にオープン、ソースコードなども公開していました。冒頭に触れたように、私はトロンの開発を進める上で、特許を取ったり技術をクローズにせず、ソースコードも含めオープンにしていきましたが、米国で起こり始めていたオープンの考え方に大きな影響を受けました。

特に日本ではなかなか理解されなくて、なんでそんなことをするのだと随分言われました。でも結果的にオープンにしたことで、いろいろな方の協力やアドバイスを得ることができ、多くの人に利用され、トロンが発展普及していく大きな原動力になったのです。

ですから、誰かがつくった技術に、別の誰かが感化されて新しいものをつくり、それがさらに広がり発展していくというように、誰に対してもオープンであることがその技術を発展普及させ、世界をよりよいものにしていく原動力になると私は信じているのです。

日本の大学も企業も技術も、もっと外にオープンになっていかなければ、世界の変化にはとても追いついていけないと思います。

壁にぶつかっても諦めずに努力し続ける

月尾　トロンプロジェクトを進める中で、やはり一番の逆境だったのは日米貿易摩擦ですか。

坂村　そうですね。技術をオープンにしたこと、またマイクロコンピュータが急激に産業機械などに入り始めた時だったので、早い時期からトロンに注目し協力してくれる民間企業は多く、プロジェクトはどんどん進んでいきました。

当時、トロンプロジェクトでは、産業機械向けの組み込み型ＯＳだけではなく、ビジネスや教育現場で使うパソコン用ＯＳ「Ｂトロン」も開発していました。これは、教育現場でコンピュータを活用しようという文部省と通商産業省の考えもあって、小中学校に導入する教育用パソコンに使用する話が進んでいたのです。

ところが、日米貿易摩擦がピークを迎えた一九九〇年代後半、トロンが非関税障壁に当たるとして制裁候補に挙げられてしまったのです。トロンの技術はすべてオープンにしていて世界中の人が利用できましたから、貿易摩擦も何もないわけです。私は全く納得できず、すぐにアメリカ政府に手紙を書いたところ、最終的には向こうも制裁リストにも入れませんでしたが、日本のメディアが過剰に騒いだこともあって、トロンプロジェクトから多くの人が離れていきました。そして教育用パソコンの話も頓挫《とんざ》し、日本の純国産パソコンの実現は幻となったのです。

なぜ制裁候補に挙げられてしまったのかと考えると、アメリカの圧力というより、純国産パソコンが市場に出ると困る人が日本の一部にいたということでしょうね。

月尾　国家的損失で大変残念なことですが、その逆風の中でも、よく諦《あきら》めずに開発を続けられました。何が一番の支えになりましたか。

坂村　まさに「捨てる神あれば拾う神あり」で、「こんなおかしなことに巻き込まれて坂村は気の毒だ」と、むしろ積極的に応援をしてくださる方や企業も多かったですし、月尾さんをはじめ、たくさんの方に励ましていただいたことも大きな心の支えになりました。

その中で、ある時、邪魔した誰かの批判を言い続けるよりも、もっとクリエイティブなことにエネルギーを使おうと気持ちを切り替えたのです。そこからまた前向きにトロンプロジェクトに取り組んでいって、今日に至るわけです。

ですから、何があっても熱意を持って一所懸命に仕事に打ち込んでいれば、必ずその姿を見ている方がいるというのが実感です。

やはり一度や二度失敗したくらいでめげたり、諦めてはだめなんです。確率的にも、十回よりも百回、百回よりも千回とチャレンジしていけば、それだけ成功へと近づいていくのです。歴史上の偉人を見ても、最初から天才だった人はいません。天才とは諦めずに努力、チャレンジし続けた結果として生まれるのだと私は思っています。後悔しないくらいの努力をしたら、後は祈って運に任せる。成功への道は、それしかないのではないでしょうか。

一人ひとりの考える力、行動が日本の未来を創る

月尾　最後に技術の発展がこれからどのような社会を実現していくか考えてみたいのですが、やはり最も注目すべき技術はＡＩだと思います。このままＡＩが発展していけば、おそらくいま人間が考えたり、行っていることの多くをＡＩが簡単に実現してしまう社会になってくるでしょう。実際、最近は、人気のある絵のデータをたくさん取り込んだＡＩに何かテーマを与えると、それに合った素晴らしい絵を簡単に描くということもできるようになっています。

そうなると、人間はなぜ存在するのか、人間にしかできないことは何か、という問題に直面することになります。しかし、ＡＩはあくまで過去のデータの蓄積から答えを導き出すだけです。ですから、これまでになかった全く新しいことを考える力、目標を設定する

力を評価する仕組み、養う教育を充実させていくことが、今後ますます求められてくると思います。

また、基本的に情報は知っている人が少ないほど価値が高まっていくものです。一方、知っている人が多いほど価値が高まっていくものを私は〝情緒〟と呼んでいます。限られた情報を得て少数の人だけが儲け、評価されるものではなく、多くの人が共感して、多くの人が利益を得て、幸せになっていく情緒社会こそ、二〇五〇年に向かって日本が目指し、世界に発信していくべき未来の社会のあり方ではないかと考えています。

坂村　情緒社会、とても共感します。ＡＩに関して言えば、パワーとか可能性はものすごいものがある。人間と同等以上の想像力や新しいものを生み出す力があると思います。しかしＡＩと人間の一番の違いは、欲望があるかないかだと思います。例えば、最近話題の「ChatGPT《チャットジーピーティー》」も、人間が質問したり頼んだりしない限り、自分から行動を起こすことはありません。それはＡＩに自分はこうしたいという欲望がないからです。

ということは、いくらＡＩが発展しても、常に問われるのは人間がＡＩにどんな質問、命令をするか、その使い方だと思います。ＡＩを使う人間の力量によって、結果は全然違ってくるわけです。

月尾　その通りで、ＡＩが発達するにつれて、ますます考える力、人間力が求められてくる。

坂村　ですから、東洋大学につくった学部を「情報連携学部」としたのは、これからの時代は、人と人だけではなく、人とＡＩがうまくコミュニケーションをとって連携していかなければ、よりよい社会はつくっていけないぞ、という思いを込めているのです。

実際、いま「マルチモーダル化」ということが言われていて、最先端のＡＩでは映像や音、動画など多様な種類の情報を統合して処理し、より人間に近い判断ができるようになってきています。それがさらに発展していけば、近い将来、都市全体がコンピュータで結ばれ、人間がロボットと共存していく社会が到来するでしょう。

実は、ロボットのアーム部分などにトロンが使われており、いま「ＡＩ×トロン」をテーマに新しい社会の実現に向けた研究開発に力を入れているところです。一方、ＡＩに欲望を植えつけたり、軍事目的で利用する研究は、私は倫理的に絶対やってはいけないと思っています。ＳＦ映画のように、ＡＩが人間に刃向かってくる事態になりかねません。

月尾　歴史を振り返れば、技術はよいことだけではなく、新しい問題を生み出してきたことも確かです。ただ、技術が生み出した問題は、次の新技術が解決するという歴史を繰り返してきたことも忘れてはいけません。私たちはそのことを認識し、よりよい社会の実現に向けて新技術とどう向き合い、活用していくのか、もっとしっかり考えていく必要があります。

坂村　結局、二〇五〇年の日本、未来の人間が幸せな社会を実現できるかどうかは、一人ひとりが何を考え、どう行動していくかにかかっているのです。行動しなければ、何も変わりません。一歩踏み出す勇気と行動こそが明るい未来を創るのです。

月尾さん、きょうは貴重な機会をありがとうございました。

月尾　こちらこそ、たくさんの刺激をいただき感謝しています。

［対談］

日本の防衛はこれでいいのか

番匠幸一郎

元陸上自衛隊陸将

ばんしょう・こういちろう——昭和33年鹿児島県出身。55年防衛大学校卒業、陸上自衛隊入隊。第一線部隊勤務などを経て、平成12年米国陸軍戦略大学卒業。第三普通科連隊長兼名寄駐屯地司令、第一次イラク復興支援群長、幹部候補生学校長、陸上幕僚監部防衛部長、陸上幕僚副長、西部方面総監などを歴任し、27年退官。30年まで国家安全保障局顧問。現在は防衛大臣政策参与、拓殖大学特任教授、政策研究大学院大学客員教授、全日本銃剣道連盟会長などを務める。共著に『核兵器について、本音で話そう』（新潮新書）『失敗の本質を超えて』（日本経済新聞出版）など。

日本を取り巻く安全保障の現状は年々厳しさを増すばかりである。一方、それに対する国民の危機意識は極めて低いという他ない。私たちは直面する危機をいかに克服し、二〇五〇年に向けて、どう未来をひらいていくべきなのか。航空自衛隊空将を務めた織田邦男氏と陸上自衛隊陸将を務めた番匠幸一郎氏に、指揮官としての長年の経験を踏まえて語り合っていただいた。

織田邦男

元航空自衛隊空将

おりた・くにお―昭和27年愛媛県生まれ。49年防衛大学校卒業、航空自衛隊入隊。F4戦闘機パイロットなどを経て、58年米国の空軍大学へ留学。平成2年第301飛行隊長、4年米スタンフォード大学客員研究員、11年第6航空団司令、航空幕僚監部防衛部長などを経て、17年空将。18年航空支援集団司令官（イラク派遣航空部隊指揮官）。21年航空自衛隊退職。東洋学園大学客員教授を経て現在麗澤大学特別教授。著書に『空から提言する新しい日本の防衛』、共著に『日本を滅ぼす簡単な5つの方法』（共にワニ・プラス）など。

イラク派遣を通して深まった縁

番匠　織田《おりた》先輩との対談というので、とても楽しみにしてまいりました。自衛隊では一期違えば大変な違いなのに、織田先輩は六期も先輩で仰ぎ見るような存在なので、本日は胸をお借りする気持ちです。どうぞよろしくお願いいたします。

織田　いや、五期以上違えばもう友達のようなものですよ（笑）。

最初にお会いしたのは二〇〇四年、番匠《ばんしょう》さんが第一次イラク復興支援群長として自衛隊イラク派遣に参加された時でした。当時、私は航空自衛隊の防衛部長として航空部隊の派遣の責任者だったのですが、番匠さんは任務を終えて帰国すると、私のところに挨拶に来られたのでしたね。何しろ「陸（陸上自衛隊）に番匠あり」と言われるほどの人だから、初対面で「さすがに大人物だ」と感じました。話は要を得ているし、礼儀作法も素晴らしい。航空自衛隊にはなかなかいないタイプですよ。

番匠　いや、汗顔《かんがん》の至りです。あの時はイラク派遣で何かとお世話になったことへのお礼を申し上げたかったんです。

隊員たちを政府専用機で現地まで送っていただきましたが、クルーの皆さんが我われ一人ひとりに黄色の折り鶴を折ってくださいましてね。そこに「頑張れ」「体に気をつけて」といった言葉が添えられていました。また、任務を終え帰国する際には自衛隊機C130で迎えに来てくださり、イラクの荒涼とした砂漠に日の丸をつけたC130が降り立った時の感動は忘れることができません。それを指揮された織田先輩には直接的間接的に大変お世話になり、いまも感謝の気持ちでいっぱいです。

「最大の国防は、よく教育された市民である」

織田　今回のテーマは「二〇五〇年の日本を考える」ということですが、国防に限らず将来の日本の鍵を握るのは何よりも「人」だと私は思います。第三代アメリカ大統領トーマス・ジェファーソンが「最大の国防は、よく教育された市民である」という言葉を残していて、これを初めて聞いた時は胸に突き刺さる思いがしました。

私は自衛官を退職した後、三菱重工の顧問をしながら二つの私立大学で安全保障について講義をしてきましたが、学生の関心がとても高いことに驚きました。だけど、安全保障は公立の大学ではどこも教えていないんです。というか、教えることがタブーなんですね。

番匠　残念なことですね。

織田　世の中を見れば、例えばロシアとウクライナの停戦がどうなるのか、そのことの日本への影響はどうなのかは大きな関心事でしょう？　だけど、日本のメディアで報じられるのは、政治とカネの問題ばかり。それはそれで大事ではあるのでしょうが、極めて大きなことが世界で起きようとしているのにそれを教えてくれる人がいない。まぁ世界の常識から見たら、日本はかなり歪《いびつ》だと思います。

今回の特集テーマが哲学者・森信三先生が語られた「二〇二五年、日本は再び甦《よみがえ》る兆《きざ》しを見せるであろう。二〇五〇年になったら列強は日本の底力を認めざるを得なくなるであろう」という言葉によるものだと聞いて共感しましたが、その言葉はあくまでも「若者がしっかり教育されている」ことを前提としたものだと思うんです。

番匠さんもそうでしょうが、自衛隊ではコンビニでたむろしているような、国歌も歌えない若者をゼロから教育し直す。すると彼らは見違えるように成長します。要するに教育を受ける場がそれまで与えられなかっただけなんですね。

番匠　その通りですね。私は入隊した若者に「私か公か、個人か集団か、自由か規律か、権利か義務か、楽しいことか厳しいことか」という対立概念を話してきました。

「君たちはこれまで、私という個人の自由や権利、楽しいことの中で過ごしてきたかもしれない。しかし、これからは逆に、公のために、集団で、規律、義務が求められる中で任務を果たさなければならない。そのためにも強くなくてはいけない」と。

また、入隊したばかりの隊員たちの中には、直立不動の姿勢ができない、相手の目を見て話せない、大きな声が出せないという者も多くいます。しかし、一週間も訓練すれば皆ができるようになるんですね。これまで教えられていなかっただけです。自衛官の職務以前に、一人の人間として何が大事であるか。それが自衛隊が組織として重視していることだと思います。

公の精神をいかに取り戻すか

織田　二〇一九年、七十九か国を対象に実施された世界価値観調査があります。「あなたの国が侵略されたら戦いますか？」との質問に「はい」と回答したのは、ベトナムが九十八％で一位。日本は十三・二％で断トツのビリなんですね。三十八・一％の人が「分からない」と答え、これも一位なのです。

私が勤める大学でも学生たちにアンケートを取ったところ「戦う」と答えた学生は十五％、「分からない」が四十％でした。その現状を踏まえて私は学生たちに「国家とは何か」「国際政治のパワーとは」「抑止とは」「核」や「国連」の現状などのテーマで一回百分の授業を計十四回やりました。すると最後の授業のアンケートでは、「何らかの形で戦わざるを得ないだろう」と答えた学生が九十五％にまで増えたんです。もちろん、戦うというのは自衛隊に入って戦うことだけではありません。自衛隊を支えるというのも一つの戦い方ですね。

そして、これは自慢していいと思うのですが、「分からない」と答えた学生はゼロになりました。そこから見えてくるのは現代社会の「教えざるの罪」ではないでしょうか。安全保障を教えることをタブー視する教育は、若者の健全な芽を明らかに摘《つ》んでいるんです。

番匠　よく「過去の成功体験の過剰適応」は危険だといわれます。しかし、日本では逆に「過去の失敗体験の過剰適応」が続いているように思います。日本人にとって八十年前の敗戦は非常にショックだったはずですし、軍隊への忌避《きひ》感がずっと続いてきました。そろそろ安全保障や軍事を意識せずによしとする考えから卒業する時期にきていると考えるべきでしょう。

実は私もいま二つの大学で安全保障について教鞭《きょうべん》を執《と》っているのですが、学生と接して偏見などを感じることはまずありません。むしろ、彼らのほうが実に現実的・積極的に物事を考えていますし、教わることのほうが多いんですね。安全保障に関して門戸《もんこ》が開かれた大学は少数だと思いますが、学生たちの反応を見る限り、日本の未来は決して暗くはないと思います。

織田　安全保障についてのきちんとした考え方をどのように国民に浸透させていくかは、自衛隊、とりわけ自由に発言できる機会が多いＯＢの役割でしょうね。

私がいま日本に必要と考えるのは、失われた公の復活です。本来、人のために尽くすのは心地よいことであり、幸せなことなのです。公の精神を復活させることで、若者の心を甦らせることができるんです。災害派遣で出動する隊員たちの目を見てください。皆いきいきと輝いていますよ。これは防衛大学校在学中を含めて約四十年間、自衛隊活動に関わってきた私の信念でもあるんです。

ところが、公に尽くすことが軍国主義に繋《つな》がるという日教組教育がいまなお根強い。私はこれは人間が持つ本性を無理に抑えつける虐待だとさえ思っています。国家は国民を守らねばならないけれども、守られる国民が国家を支えなくては国家は成り立っていかない。その当たり前のことを全《まった》く教わっていない。個を優先することを教えられてきた若者に、自衛隊では国旗掲揚から始まり、一般社会人のマナー、国防の重要性など順々に教えて立派なソルジャー（隊員）に育て上げていくわけです。

番匠　個の権利や自由があまりにも強調されるために、社会が歪《ひず》みをきたしているのは確かですね。私はいま会長という立場で全日本銃剣道連盟のお手伝いをさせていただいているのですが、二〇〇八年度以降、全国の中学校で武道の必修化が始まり、銃剣道を含む九つの武道が保健体育の正式な授業として取り入れられています。心身を鍛錬しつつ、日本人としての礼節や他人を敬う心など立派な人格を養う目的がそこにはあります。学校教育に限らず、このような動きが広まることも、これからの時代、大切になってくるでしょう。

国際情勢を捉えるための二つの視点

織田　「日本は平和国家」という幻想に生きる日本人をよそに、国際情勢は激変していますね。

番匠　いまのこの厳しい情勢を捉える上で、時間的な視点と地政学に基づく空間的な視点の二つが必要だと私は思っています。

まず時間的なことから申し上げますと、百年前の一九二五年は第一次世界大戦が終わって第二次世界大戦が始まるまでの戦間期にありました。第一次世界大戦の反省から国際連盟が生まれて、何とか平和を追求したいと模索している時期でした。他方で、スペイン風邪が世界的に流行して多くの方が亡くなったり、関東大震災のような大災害が起きたりもしました。

　いまはどうかというと、ウクライナ戦争や中東の危機をはじめ世界各地域の安全保障環境は厳しいものがあります。また、最近まで新型コロナウイルスが世界に蔓延《まんえん》していました。能登半島の地震をはじめ大きな災害も起きています。

　この二つの時期には共通点が多いのですが、実は百年前の先人はその後さらに苦労しているんです。一九二九年に世界恐慌が起き、その十年後には第二次世界大戦が勃発《ぼっぱつ》している。ここから得られる教訓は、決して第三次世界大戦を起こしてはいけないということです。

　もう一つの地政学的な視点で言えば、冷戦時代、安全保障の中心は欧州にありました。それが湾岸戦争以降のテロとの戦いで関心が中東に集中し、今度は日本を含むインド太平洋地域に国際的な安全保障の重心が移るかと思われていた矢先に、ウクライナ戦争と中東危機が相次いで勃発しました。要するにインド太平洋地域の危機ばかりか、欧州と中東で再び戦争が起きているわけです。世界の三正面で緊張が高まっていて、本当に難しい時代に突入したと思います。いま何よりも重要なのは、それを第三次世界大戦に結びつけないことであり、そのために日本が果たすべき役割も大きいと思います。

織田　お話のように世界で注目すべきは大きくウクライナ、中東、そしてまかり間違えば軍事衝突の危険性があるのが台湾海峡と朝鮮半島です。そして、北朝鮮軍兵士がロシア軍と一緒にウクライナ戦争を戦っていることからも分かるように、これらの動きは個別に存在しているのではなく、密接に関連しているんですね。

相対的に力の低下したアメリカは中東から手を引き、中国との戦いに集中したいのが本音でしょう。ところが、中東が火を噴くとアメリカは国是としてイスラエルを助けることになる。アメリカはもはや地球上の二か所の紛争に同時に対応する力は持っていない。自ずと東アジアに力の空白が生じる。その時、中国の習近平氏が邪《よこしま》な心を起こさないとも限らない。ここは非常に気になるところです。

日本を蝕むオストリッチ・ファッション

織田　アメリカの政治学者グレアム・アリソン氏が説いた「トゥキディデスの罠《わな》」という言葉があります。アリソン氏は過去五百年間の戦争を分析し、新しく覇権を握ろうと勃興した国と、もともとあった覇権国が争った十六件のうち十二件までが戦争に発展したと述べているんですね。この分析から氏は「米中が戦争になる可能性は七十五%」と言っていますが、アリソン氏が分析をした事例は核なき時代がほとんどですから、必ずしもそうなるとは限らない。

むしろ、私が懸念しているのはアメリカの経済学者チャールズ・キンドルバーガー氏が唱えた「キンドルバーガーの罠」のほうなんです。これは覇権国の不在が大混乱を引き起こすというもので、事実、第一次世界大戦でボロボロになったイギリスに代わってアメリカが覇権を握るべきところ、孤立主義に走った。このため世界恐慌が起き、ナチスが台頭して第二次世界大戦に繋がってしまった。

番匠　確かにそうでしたね。

織田　では今後、米中のどちらが覇権を握るかということですが、我われとしては自由、民主主義や人権、法の支配という価値観を共有できるアメリカを中心とした国際秩序を維持せねばならない。だが、現実の世界は独裁国家の数が民主主義国家よりも多いんです。中国が覇権を握ることになれば、力が支配する「ジャングルの掟《おきて》」が復活してこないとも限らない。

一方でアメリカの国力や軍事力は相対的に低下しています。艦艇数からすると世界最大の海軍はいまや中国ですからね。私は今後の見通しは暗いと見ています。

アメリカが悲鳴を上げつつある中、安全保障の一番の処方箋《しょほうせん》は西欧、日本、韓国、オーストラリアといった価値観の同じ国々が結束することでしょうね。これがトランプ政権になってどうなるのか、先行きが見えないところもありますが、第三次世界大戦を起こさないためのまさに踏ん張り時です。

万一、台湾海峡危機が起きたら、北朝鮮は間違いなく動き出すでしょうし、そうなるとアメリカの力が分散されてしまう。当然、第三次世界大戦に発展しかねないわけで私はそのことに大変な危機意識を抱いていますが、悲しいことに日本人にそんな危機感はない。

ダチョウはライオンに襲われる時でも穴に首を突っ込んで危機から目を逸《そ》らそうとします。現実を直視せずして心の平安を保とうとする姿は、いまの日本そのものです。日本を蝕《むしば》むこの「オストリッチ・ファッション」から一刻も早く脱却しなければなりません。

独裁者は有言実行

番匠　お話のように、いまの世界は自由、民主主義、人権、法の支配といった価値観を維持していくのか、それともそれを自分たちの都合のよいように現状を変えようとするのか。この世界秩序を巡る勢力のせめぎ合いの中にあります。

後者の典型がロシアや中国で、ロシアのウクライナへの侵攻はまさに西側に敗北した冷戦のリベンジを図ろうとしているかのように映ります。中国もまた二〇四九年の建国百年に向けて世界最大の強国になろうと、力による一方的な現状変更を推し進めています。

これらの動きには連動性があり、例えば、中東での危機によって日本がどういう問題に直面しているかというと、スエズ運河を多くの船舶が通れなくなっているんです。現在は欧州方面から日本に向かう海運のほとんどが喜望峰《きぼうほう》回りで日本にやってきている。時間もコストもかかり、サプライチェーンにも大きな打撃を与えている。もし中東の危機が拡大し、ホルムズ海峡が封鎖されてしまったら、日本のエネルギーは生命線を断たれる危険性すらあるんです。

織田　台湾危機について言えば、習近平氏は最近、平和的統一という言葉を頻繁《ひんぱん》に使うようになりました。彼が言う平和的統一とは血を流さない戦争のことなんですね。それはいわゆる認知戦と呼ばれるもので、威嚇《いかく》・恫喝《どうかつ》などで台湾の人たちが「これは戦っても無駄だ」と思った時点で負けなんです。

中国の『台湾白書』が過去三回出されているのですが、それまで書かれていた「平和的統一をした暁《あかつき》にでも、台湾は自分たちの軍隊を持ってもよい」という一文が二〇二二年度版では削除されている。裏を返せば平和的統一後の台湾には人民解放軍が進駐するということです。そうなれば台湾海峡の制空権、制海権は人民解放軍が握るということです。台湾海峡は日本にとっても極めて重要な輸送ルートです。ほとんどメディアが取り上げることはありませんが、その重大な意味を理解すべきです。

番匠　おっしゃる通りですね。

織田　調べていて愕然《がくぜん》としたんですが、日本に物資を運ぶ船が何万隻とある中、このうち日本人が船長である船は僅《わず》かに十%だそうです。しかも外航船の日本人船員は全部で約二千人しかいない。五十年前、約五万人いたことを思うと、驚くべき数字です。これが海洋国家日本の現実なのです。もし拿捕《だほ》されたり船員が亡くなったりする危機が生じれば、外国人船員は体を張って日本に忠誠を尽くす必要もなく、簡単に船を下りてしまう可能性がある。迂回《うかい》しながら日本に物資を運搬するような状況になっても、ますます外国人船長や船員は減っていくでしょう。その時、日本は生命線であるシーレーンをどう守るか、真剣に考えなくてはいけません。

番匠　独裁者と呼ばれる指導者の多くは有言実行ですからね。単なる脅しではなく、ある時決断すると準備していた計画を本気になって実行に移してくる。ウクライナ戦争はまさにそうでした。ロシアがウクライナに侵攻するなど、直前まで誰も本気にしませんでした。

もしそれをやったらロシアの経済は制裁を受けてガタガタになり、国内の不安も高まるというのが大方の考えでした。しかし、プーチン氏の最優先事項は、自身の理念を行動に移すことだったわけです。

だとしたら独裁者の決断をどう断念させるか、決断の時期をどう遅らせるかが重要で、それは我われの努力にかかっています。日本、アメリカ、豪州、韓国、欧州など志を同じくする国々が連携し独裁者を思い止まらせることです。

織田　そう。万一、侵攻したらただじゃおかないという意志と能力を持ち、殴られたら殴り返すぞという姿勢を常日頃から示し、相手にもそれをきちんと認識させることによって抑止力が成り立つのです。ウクライナ戦争についても、ここまで長期戦になることが分かっていたら、プーチン氏は侵略を決断しなかったでしょう。これをプーチン氏に認識させなかったという面で、ゼレンスキー大統領は致命的な失敗を犯している。

番匠　ウクライナ戦争を通して日本は大きく三つの教訓を得るべきだと私は思っています。最大の教訓は決して侵略を招いてはいけないということですね。二つ目は、国民と軍隊が一つになって命懸けの抵抗をしているという国家の気概です。実際、ウクライナ軍の徹底的な抗戦によってロシア軍はかなり苦戦していると伝えられています。

三つ目は、これが朝鮮戦争以来初の国家対国家の本格的な戦争だという点です。そしてその戦いには宇宙空間からサイバー戦はもちろん、認知戦、情報戦、ドローンなどの新しい戦争が実施されている一方、日露戦争や第一次世界大戦のような塹壕《ざんごう》戦、火砲、戦車、歩兵などによる伝統的な戦闘が決定的な重要性を持っている。つまり、新しい戦争と従来型の戦争が混在している。日本の防衛のために、どのような戦いが行われているのか、しっかり学習する必要があるんです。

日本の底力をいかに発揮させるか

番匠　いまの話とも関連することですが、日本がこの危機に臨む上で大切なことは、ひと言でいうと「主体性」ではないでしょうか。

つまり、日本は国際社会における大国として積極的に責任を果たすという姿勢がものすごく重要になってくると思います。

何か起きた時にどう対処するかを考えるのは当然として、これからの時代はとりわけ相手に行動させない、時には行動を促すためにこちらが主体性を持って動くことが求められると思います。例えば、トランプ政権が誕生したからこれにどう対するかではなく、トランプ氏と一緒になって世界の秩序を守るために何をすべきかを考えるのもその一つです。
　実際に世界は日本にそれを期待していると思います。アメリカの視点に立って考えても、安全保障上重要だとされるインド太平洋地域で経済力や防衛力などの国力も民度も、また価値観から考えても最も頼りになるのが日本なのではないでしょうか。だからこそ、もっと信頼に応えられる国にならなくてはいけない。日米同盟や国際社会にとっても日本は極めて大事な国であることに日本人はもっと自信を持っていいと思います。

織田　その通りですね。

番匠　GDPがドイツに抜かれ四位になったと言われますが、日本はまだまだ世界のトップクラスにいます。人口減少が問題だと言われますが、それでも一億二千万人以上の人口があり、世界でベストテンの国です。日本人の勤勉な国民性や教育水準、安定した社会秩序、物づくりの技術、そういうトータルの能力を考え合わせれば大変な底力を持つ国だと思うんです。

織田　その底力をいかに発揮させるかを考えると、やはり公の復活をより強く思わないではいられませんね。現実には自衛隊員を募集しても半数しか集まらない。一億二千万人の国で、二十四万人の組織が維持できないというのは異常です。いま求められるのは、国家を支えているのは国民一人ひとりであるという原点に立ち返ることです。国を支える国民の意識が溶解してしまってどうするんですか。

日教組の教育に染まった若者を真っ当な国民に、そして立派なソルジャーに育てるためにどうすればいいか、在職中、常に頭から離れませんでしたが、やってよかったと思うのは、先人の国家への思いを学ばせたことです。中でも、『坂の上の雲』を読ませたのは効果がありました。司馬遼太郎《りょうたろう》さんの歴史観には賛否両論あるとは思いますが、レポートを読むと若い隊員たちの意識が確実に変わっていくのが分かりましたから。

番匠　よく理解できます。

織田　それに関して一つ申し上げておくと、私が空幕防衛班長だった一九九六年、日中防衛交流に参加したことがありました。宴会になった時、一人の中国空軍の将校が近づいてきて「中国軍機が尖閣《せんかく》を領空侵犯しても自衛隊は撃てないでしょう?」と言うのです。あえて返事をせずにその人を睨《にら》みつけていたら「でも、自衛隊は法律に関係なく撃つだろうな」と言うのです。なぜかと聞いたら「日本は特攻隊の国だからです」と。

それを聞いた時、そうか日本は未だに先人が守っているんだと気づかされました。先人が守っているから中国空軍は領空侵犯できないと。しかし、それはとても先人に申し訳ないことであり、政治家の皆さんにお会いした時、この話をして、せめて靖國神社に参拝して、感謝の気持ちを捧げてほしいと申し上げています。これは私の切なる願いですね。

番匠　私もイラクに派遣されていた時、現地の人たちから「日露戦争に勝利した日本人を、同じアジア人として誇りに思う」と言われたことがあります。ああ、先人たちが築いた道の上に我われは続いており、このような仕事をさせていただいているのだなということを痛感しましたね。

国の機関である統計数理研究所の調査によると、「もう一度生まれ変わったら日本人に生まれるか」という質問に八十三％がイエスと回答しているんです。国のために戦う意識が低い一方で、これも見落としてはいけない大事な側面だと思います。日本人はそれだけ自分たちの国が好きだし、誇りに思っている。その事実をもう少し国民が共有する努力が必要だと思っています。

勇怯の差は小なり、責任感の差は大なり

織田　番匠さんも私も現役中は指揮官という立場にあったわけですが、指揮官に求められるものは何だと考えますか。

番匠　私は指揮官の仕事は決断すること、その決断した結果に対して責任を負うことだと思ってきました。若い頃から「勇怯《ゆうきょう》の差は小なり、責任感の差は大なり」、事に当たって一番大事なのはその人の責任感だと一貫して教えられてきたんです。

もう一つ申し上げると、指揮官は時に部下を非常に危険な場所に投じなくてはいけないこともありますから、ある意味では加害者でもあります。任務に就いた瞬間から隊員の人生、ご家族の一生のことまで加害者という意識で責任を持たなくてはいけないと思いながら歩んでまいりました。

織田　私も番匠さんと同じ思いで指揮官を務めてきましたが、あえて自分の言葉で「原則と肚《はら》」という表現をしたいと思います。

航空自衛隊では寸秒を争う決断が求められる時があります。私がイラク派遣の航空部隊を指揮していた時、こういうことがありました。「いま、バグダッド上空です。バグダッド空港はロケット弾攻撃を受けています」と現地から連絡を受けました。空港に着陸するか、クウェートに引き返すか、司令官の判断を求めてきたんです。

航空作戦の場合、推移が早いですから寸時に決断しなくてはいけない。その時、私の頭にあったのは「方針は中央が定めるが、実際の遂行は現場に任せる」という危機管理の原則でした。それで即座に「機長に任せろ。責任は俺が取る」と指示しました。

結果的には、機長はバグダッド空港着陸を選択し、無事着陸しました。機長の判断は、上空には多国籍軍の輸送機が数珠繋《じゅず》ぎになって待機しており、「戦闘地域」になったからと日本だけがクウェートに帰るという行動をとれば空中衝突の可能性が高いというものでした。私は「よくやった。後は俺に任せろ」と言いました。空港がロケット弾攻撃を受けるということは「戦闘地域」になったということで自衛隊機が着陸することは本来、規則違反であり、法に則《のっと》ればクウェートに引き返さなくてはいけなかったんです。

しかし、機長は、それは空中衝突のリスクのほうが大きいと判断したわけです。適切な判断ですが、状況が理解できないメディアや政治家からは規則違反だという批判が出る可能性がある。そこで私は先手を打って新聞記者に説明し、「戦闘地域」という政治的概念がいかに航空作戦にとって現実離れしているかという記事を書いてもらいました。

問題になれば、責任をとって辞めようと思っていましたが、結果的には政府からもメディアからも何一つ責任を問われることはありませんでした。このように全責任を負う覚悟で肚を決め決断を下すことは、指揮官の大きな要件なのだと思います。

番匠　指揮官は、ことに厳しい現場において法と現実が適合しているかを見極め、正しいと思ったことを決断しなくてはいけない場面にも遭遇します。そのため私はもう一つの判断基準として「歴史の評価に堪《た》えうるか」を意識してきました。つまり、法や任務に照らしても判断を迷うような場合においては、百年後の人たちから「あの時のおまえの決断は正しかった、よくやってくれた」と言ってもらえるような判断をしようという尺度で指揮に当たってきました。

何より大切なのは一人ひとりの目覚め

番匠　日本の防衛の将来を見据えた時、いまの法体系の中に軍事という言葉がないことも一つの問題だと思います。日本では軍事がタブーとなっているわけですが、軍事とは本来、国民を守るために必要な国家として不可欠な機能であるはずです。戦後八十年となる二〇二五年は、軍事という言葉を法的に位置づけることを正面から議論する年にしてほしいと思います。

武という文字は戈《ほこ》を止《と》めると書くように、相手が剣で突いてくるのを止めるのが武の本来の意味です。軍事力はまさにそれですね。外国を侵略するのではなく、侵略されないように自分たちの国、つまり国土、国民、主権、歴史を守る。そのための組織が自衛隊です。

日本は外部からの侵略を撥《は》ね除《の》ける高度な抑止力と即応性を保ち、厳しい国際情勢に正面から向き合っていかなくてはいけません。

織田　そのためにも国民に対する啓蒙《けいもう》活動が重要です。国民の義務によって国家が成り立っているという根本的なところを分かっていただけたら、八十年間引き摺《ず》ってきた敗戦のトラウマが払拭《ふっしょく》され、公の精神も復活してくると思います。使い古された表現をすれば戦後レジームからの脱却ですね。これは確かに難しい問題かもしれませんが、ペリー来航によって日本人の意識が変わったように、ある日どこかで意識がガラリと変わるかもしれない。だけど、危機が起きてからでは遅いんです。

番匠　ええ。安全保障や国の防衛は防衛省や自衛隊だけの話ではなく、国民皆の仕事だということです。国防を自分の問題として認識することも重要になってきますね。

織田　「危機を未然に防止する者は決して英雄になれない」という言葉があります。我われに英雄など必要ないのです。国民一人ひとりが危機意識に目覚め、危機を未然に防止しなければいけない。二〇五〇年の日本を考える時、そのことを強く思いますね。

［鼎談］

二〇五〇年日本を富国有徳の国にするために

～我が国から勤勉・修養の精神をなくしてはならない～

横田南嶺

臨済宗円覚寺派管長

よこた・なんれい―昭和39年和歌山県新宮市生まれ。62年筑波大学卒業。在学中に出家得度し、卒業と同時に京都建仁寺僧堂で修行。平成3年円覚寺僧堂で修行。11年円覚寺僧堂師家。22年臨済宗円覚寺派管長に就任。29年12月花園大学総長に就任。著書に『人生を照らす禅の言葉』『禅が教える人生の大道』『十牛図に学ぶ』『臨済録に学ぶ』など多数。最新刊に『無門関に学ぶ』（いずれも致知出版社）。

田口佳史

東洋思想研究家

たぐち・よしふみ―昭和17年東京都生まれ。新進の記録映画監督としてバンコク市郊外で撮影中、水牛2頭に襲われ瀕死の重傷を負う。生死の狭間で『老子』と運命的に出合い、東洋思想研究に転身。「東洋思想」を基盤とする経営思想体系「タオ・マネジメント」を構築・実践し、1万人超の企業経営者や政治家らを育て上げてきた。配信中の「ニューズレター」は海外でも注目を集めている。主な著書（致知出版社刊）に『「大学」に学ぶ人間学』『「書経」講義録』他多数。最新刊に『「中庸」講義録』。

北 康利

作家

きた・やすとし―昭和35年愛知県生まれ。東京大学法学部卒業後、富士銀行入行。富士証券投資戦略部長、みずほ証券業務企画部長等を歴任。平成20年みずほ証券を退職し、本格的に作家活動に入る。『白洲次郎 占領を背負った男』（講談社）で第14回山本七平賞受賞。著書に『思い邪なし 京セラ創業者 稲盛和夫』（毎日新聞出版）など多数。近著に『ブラジャーで天下をとった男 ワコール創業者 塚本幸一』（プレジデント社）がある。

かつて地中海全域を支配し繁栄を築いた古代ローマ帝国は、ローマ人がローマたらしめているものを失ったから滅びたという。では、日本を日本たらしめているものは何だろうか。その一つは「勤勉・修養の精神」である。日本の最大の資源ともいうべき精神が失われつつあるいま、『致知』連載陣の田口佳史氏、北康利氏、横田南嶺氏のお三方に、先達の生き方を交えながら、日本を富国有徳の国にするための道筋を探っていただいた。

枝葉末節の議論に終始しているいまの日本

田口　いつも『致知』で一緒に連載をしているお二人とは、ぜひ一度じっくり語り合いたいと思っていました。きょうは念願叶《かな》ってとても嬉しく思います。

さて、鼎談《ていだん》に先立って致知出版社の藤尾社長から「二〇二五年、日本は再び甦《よみがえ》る兆《きざ》しを見せるであろう。二〇五〇年になったら列強は日本の底力を認めざるを得なくなるであろう」という森信三先生の言葉をご提示いただきました。この言葉を現実のものにして、日本を世界が憧れる富国有徳《ふこくゆうとく》の国にするためにどうすべきかと。残念ながら、現状は理想から大きく乖離《かいり》していると言わざるを得ません。

横田　確かに、いまの政治の現状には失望することも多くございますし、経済的な問題も深刻です。一番大きいのはやはり人口の減少でございましょうか。とにかく衰退の兆しは枚挙に遑《いとま》がないというのが現状であろうとは思います。

北　日本の混迷、荒廃ぶりは数字からも見て取ることができますね。

田口　日本の現状を考えるに当たって、まず陽明学《ようめい》の祖・王陽明の言葉を繙《ひもと》いてみましょうか。

　陽明は、衰退への道を歩み出した国は本質を外れて枝葉末節《しようまっせつ》論ばかり繰り返すようになると言っています。どうでもいい瑣末《さまつ》な議論ばかり繰り返すようになると。まさしくいまの日本の姿そのものではないかと思って、私は王陽明の『抜本塞源論《ばっぽんそくげんろん》』を多くの議員、裏金議員と言われている人たちにも配りました。ぜひ読んでくれと。

北　あぁ、王陽明の本を議員さんたちに。

田口　私は長年東洋思想の研究を通じて、根源、長期、多様なものの見方を訓練してきました。そういう私のような人間からすると、いまの日本で行われている議論というのは、ほとんど枝葉末節論に終始しているように感じられてなりません。小さなことに神経を尖《とが》らせてばかりで、根本や本質を見逃している。これでは王陽明の言うように、衰退の道を辿《たど》っていく一方じゃないでしょうかね。

アメリカのトランプ氏の政治に私は全面的に反対の立場ですが、ただ一つ、「メイク・アメリカ・グレート・アゲイン」というキャッチフレーズで大統領へ返り咲いた。あんなふうにズバッと分かりやすく大衆にビジョンを発信するのが政治だと思います。

数字が物語る日本の危うさ

横田　先ほど衰退の兆しは枚挙に遑がないと申しましたが、しかし仏教的に見ますと、この世の営みには必ず波があり、下りの波もあれば上りの波もございます。日本の悪い面が目につく一方で、先般復刊に尽力いたしました『禅海一瀾講話《ぜんかいいちらん》』は増刷となっている。これは円覚寺初代管長の今北洪川《いまきたこうせん》老師が、禅仏教の立場で儒教の教えを講じた『禅海一瀾』を、弟子の釈宗演《しゃくそうえん》老師が講義したもので、これが多くの人に読まれているというのは、この国もまだまだ捨てたものではないと思うのです。私がご縁をいただく中小企業の社長様も、皆さん『致知』を読んで頑張っていらっしゃいますし、私は決して失望落胆はしていないんです。

歴史を繙けば、平安時代の末期などもどん底だったと思いますが、日本はそういう苦難を何度も乗り越えて今日まで来ております。

ですから先ほどの森信三先生のお言葉は、日本人にはそういう連綿と受け継がれた精神があることを踏まえておっしゃったのではないかと思いまして、私はあまり悲観をしていないのです。

北　横田老師がおっしゃった波という意味では、日本という国は四十年周期で時代が転換するとも言われていますね。どん底の大政奉還《たいせいほうかん》から四十年後に日露戦争で勝利し、その四十年後に大東亜戦争に敗れ、さらに四十年後が日本経済の絶頂。その四十年後がいまです。ですからいまが底で、ここから復活するぞと森信三先生は思っていらっしゃったのかもしれません。

でも若い世代を見ていますと、我われの若い時より遥《はる》かにイキイキやっているように感じます。彼らには日本の混迷、荒廃なんて認識は全《まった》くないのかもしれません。

田口　若者はイキイキしていると。

北　例えば、体罰がなくなりましたし、ハラスメントの類《たぐい》に厳しい目が注がれるようになり、上から抑えつけるよりも自由にやりなさいという空気になっている。なおかつ少子化ですから、当然子供たちは大事にされています。
東大にしても、最近は政治や法律を学ぶ文科一類よりも、経済や文学などを学ぶ文科二類、文科三類の入試が難しくなってきている。優秀な学生には、組織に縛られる役人や大企業を目指すよりも、アントレプレナー（起業家）を目指し自由にやっていこうという傾向が窺《うかが》えます。そんな彼らに日本の混迷とか荒廃とか言っても、理解し難いものがあるでしょう。

横田　なるほど、いまの若者は日本の現状をそのように受け止めているのですね。

北　実際、社会の混迷、荒廃を反映する日本の自殺者数は、二〇〇三年の三万四千四百二十七人をピークに、二〇二一年には二万千七人と概《おおむ》ね三分の二に減っています。一時下げ止まっていた二十代も今は着実に減少しています。間違いなくよい傾向だと思うのです。
ＩＭＦの調査で日本の一人当たりＧＤＰ（国内総生産）は三十九位にまで落ちていますが、これは円安の影響も相当あるでしょうし、そもそも若者たちは日本が貧しくなっているとは感じていない。なぜなら、彼らはバブルを知らないからです。

田口　我われの実感とは随分隔たりがあるわけですね。

北　だからと言って、私はいまの日本に混迷、荒廃がないと言いたいのではなく、むしろ逆で、その兆候は数字にハッキリ出ています。

例えば、二〇一八年にOECD（経済協力開発機構）が世界百八十六か国の中学生に行った調査で、「親や教師を尊敬していますか？」という質問に対し、「はい」と答えた生徒の割合が一番高かったのは韓国、二位は中国でした。一方の日本は、何と百八十六位、最下位だったのです。

別の研究グループの「もし戦争が起こったら国のために戦うか？」という質問に対しても、日本は「はい」と答える人の比率が世界七十九か国中最低でした。それから、二〇二三年の米ギャラップ社グローバル職場環境調査では、仕事にやりがいを感じている（企業エンゲージメントが高い）社員の割合は、日本では五％しかいないことが分かっており、ダントツの世界最下位なのです。

こうした調査結果を見ると、日本という国が茹《ゆ》でガエルのようにじわじわと着実に蝕《むしば》まれつつあることが分かります。親や教師を敬《うやま》わず、よその国から攻め込まれても我関《われかん》せずを決め込む。そして昔は世界一高かったはずの愛社精神もない。いまの日本はもうどん底にあると言わざるを得ません。

命についての教育が失われた

田口　いまのお話の最大のポイントは、要するに「日本らしくない」ということだと思います。

日本には歴史的に見ても、日本ならではとか、日本人ならではと胸を張れるような素晴らしい特性や美点がたくさんあります。そしてその最たるものが、伝統精神文化です。ところがいまの教育現場では、この伝統精神文化についての教育が全く行われていなくて、先ほど申し上げた枝葉末節論に終始している。これは大問題だと思うんです。

北　この国はどうあるべきかという根本的な問題について、国民が自分の頭で考えるということもしてきませんでしたしね。憲法改正の機会でもあれば、そういう議論も盛んになるんでしょうが、あいにく戦後は一度もそういう機会がありませんでした。

日本はサンフランシスコ平和条約を一九五一年の九月八日に調印し、翌年の四月二十八日に発効していますが、どちらも独立記念日になっていません。つまり、占領という屈辱の中から独立を回復した喜びを共有せず、この国のあり方を国民全員で考える機会をも持っていない。国家として一致団結する機会を失ってしまったままなのです。

横田　貴重なご指摘をたくさんいただきましたが、私は先ほど北先生がおっしゃった、日本人が敬うものを失ってしまったというお話が大変気懸《きが》かりです。国のために命を捧げた人に対する敬いの心、親や学校の先生に対する敬いの心。最近は「毒親《どくおや》」なんていう言葉も使われているようですが、これまで敬われてきたものを貶《おとし》めるような風潮には大変心が痛みます。

北　実は、いまの日本は先進国の中で一番評伝、伝記が少ない国になってしまっています。なぜなら戦後、軍人も政治家も先生も否定され、同時に先人に対する尊敬の念、感謝の念が失われてしまったからです。私が評伝作家という労働生産性の低い職業で頑張っているのは、先人に学び、尊敬し、感謝する心を復活させることが、いまの日本に一番必要なことだと考えるからなんです。

横田　おっしゃる通りですね。渋沢栄一なんて、あれほど素晴らしいことをなさっているのに、枝葉末節のことで批判されていたりするのはとても残念です。根本を忘れていると申しますか、こういう風潮は何とかならないものでしょうかね。

田口　命というものに対する教育がないからだと思いますよ。だから命に対する実感もないし、命に対する敬いもない。かつての日本にはそういうものが非常に強くあったように思うんです。

『致知』では何度もお話ししてきましたが、私は二十五歳の時に、仕事で訪れたバンコクで二頭の巨大な水牛に襲われ、体を串刺《くしざ》しにされました。それまで生意気で強気一点張りだった男が、虫の息で王立病院に運び込まれたわけです。

意識を回復した時には、野戦病院みたいな病室に月光がパアッと射し込んでいて、体にはものすごい数の管が繋《つな》げられていました。ふと傍《そば》を見ると、女性の看護師さんがシュロの葉をパタ、パタと仰いで風を送ってくれている。「私は大丈夫でしょうか？」と拙《つたな》い英語で尋ねると、彼女は「オフコース」と。「私の名前は幸福という意味なんです。そんな私が傍にいるのにダメなはずはないでしょ」と言ってくれたんです。何だかものすごく説得力がありました。私はその時、この世には絶対的存在というのがいると確信しました。そして、命はその絶対的存在と繋《つな》がっているんだと。

北　人間はそういう時に命の尊さを自覚するんですね。いまの子供たちには、そういう経験をする機会がほとんどないと思います。

世界に光をもたらす日本の精神

横田　なかなか厳しい現実ではございますが、ここから立ち上がっていくためにも、私たちが失ってはならない日本のよさというものがあると思うんです。

先ほど触れた『禅海一瀾講話』は、儒教や仏教、禅の教えを、日本独自に融合させた日本精神と言うべきものです。日本人というのはそんなふうに、異なる思想、異なる宗教を融合させて学ぶ力を持っていたと思います。

世界は異なる宗教、あるいは同じ宗教の中でも考えが違う者同士が戦争を起こしております。ところが日本では、元々神道が根づいておったところに仏教が入ってきても、奈良時代にお互いに排斥することはせずに上手に融和しました。しかも驚くべきことに、神社とお寺は一つになって、二つの異なる思想のものを同じようにお祀《まつ》りしてまいりました。

異なるものを融和させ、日本独自のものとしてつくり上げていく。平たい言葉で言えば「和」ということになるんですが、この日本の精神というのは、いまの戦争が止《や》まない時代に素晴らしい光をもたらすと思います。森先生が「列強は日本の底力を認めざるを得なくなる」とおっしゃったのは、まさにそこではないかと思いますし、日本が一番取り戻すべきものであろうと思うのです。

北　いまおっしゃった神仏習合《しんぶつしゅうごう》の話は、私も講演でよくするんです。実は日本にも宗教戦争があって、仏教の受容に積極的だった蘇我《そが》氏と保守的な物部《もののべ》氏が戦って、仏教側が勝ったわけです。しかし、神道はそれでなくなったかといえば決してなくなってはいない。そういう和の精神というのが日本人らしさの原点であるように思います。

田口　日本には元々神道があって、そこに老荘思想、儒家の思想、仏教、禅が入ってきて、日本の精神文化の根源を成したと思います。私はこの儒・仏・道・禅・神道からなる日本の精神文化こそが、いま世界が抱えている諸問題を解決に導くと考えて、四年前からこれを日本語、英語、中国語の三か国語のニューズレターにまとめて全世界に毎月発信しているんです。この儒・仏・道・禅・神道からなる精神文化こそが日本の根源であって、これを取り戻さなければダメだと思うんですよ。

チームで力を発揮するのが日本人

北　先ほど田口先生が「日本らしくない」とおっしゃったのは、いまの日本人がそういう素晴らしい精神文化を見失っているからでしょうね。出光《いでみつ》興産を創業した出光佐三《さぞう》は「日本人にかえれ」という言葉を遺しましたが、我われはいまこそこの言葉を噛《か》み締めなければなりません。

　先ほどの仏教の話もそうですが、日本人は片仮名にしろ平仮名にしろ、元々あったものと新しいものを融合し、アウフヘーベン（止揚《しよう》）してよりよいものを創り出すことが得意ですね。それから、日本は台風の通り道だし、地震は頻繁《ひんぱん》に起こるし、飢餓《きが》はあるし、疫病《えきびょう》は流行《はや》る。自然には人間ごときには太刀《たち》打ちできないすごい力があることを認めて、神社の前で頭を下げる。そういう謙虚さも日本人らしさだと思います。

この謙虚さですとか、異質のものを取り込む力というのは、すべて協力する力、チームで頑張る力に結びついていると私は思うんです。例えば、日本の短距離走の選手は、一人ひとりのタイムでは海外の強豪国に敵《かな》わないのに、バトンを渡すという共同作業が入るだけでリレーでメダルを取ったりする。会社にしろ家庭にしろスポーツにしろ、複数の人間が集まった時に力を発揮するのが日本人であって、ここを失ってはならないと思うんです。

横田　確かに、そこはとても大事な日本人の強みですね。

北　ところが、明治時代に急激に欧米化を進めてその強みが一段階失われ、敗戦でさらに三段階くらい失われていまに至っているのではないかと思いますね。

田口　今回のノーベル賞は、いみじくもいま北さんがおっしゃったことと深く関係しているんですよ。物理学賞を受賞したジェフリー・ヒントン氏と、化学賞を受賞したデミス・ハサビス氏とジョン・ジャンパー氏。実は、この方たちは全員グーグルの出身者なんです。

世界的な成功を収めたグーグルが、次に何に取り組もうかという時に模範にした研究団体がありましてね。それがアメリカ最大手の通信会社AT&Tのつくったベル研究所（ベル研）なんです。このベル研は、トランジスタ、レーダー、電波望遠鏡など、現代社会の基盤となる様々な革新的技術を開発して、ノーベル賞を七つも受賞しています。その最大の特徴は何かというと、異文化交流なんです。要するに、エンジニア、数学者、化学者など、専門の異なる人たちが一緒に研究をする。この取り組みはまさしくお二人が言及された、異なるものを融和し発展させていく日本の精神に通じるものがあると思いますね。

横田　日本でもこうした活動がどんどん行われるといいですね。

田口　既にいろんなところで始まっているように思います。例えば囲碁の世界では、一力《いちりき》遼《りょう》という二十代の棋士《きし》が先般の国際大会で見事に優勝を果たしましたけれども、彼は日本の囲碁界をガラッと変えたそうです。

日本はこの十九年、囲碁の主要な国際大会でずっと優勝から遠ざかっていました。そこで一力さんは、国際大会に向けて結成されるナショナルチームに、クラス別のリーグ戦を導入するよう働きかけたそうです。成績に応じてクラスの入れ替えをすることで緊張感を持たせると共に、対局後の感想戦でお互いの手の内を徹底的にオープンにすることで、全体のレベルアップを促《うなが》したというんです。

こういう取り組み姿勢は、個人成績よりチームの勝利を優先するドジャースの大谷翔平選手にも通じるものだと思います。私に言わせれば、彼らの勝利は精神文化の勝利であって、その精神とは人間力、人格力だと思うんですよ。

北　確かに最近の日本では、突き抜けた実績を上げる若者が次々と出てきていますね。将棋の藤井聡太さんなんかもそうだと思います。幕末の時もそうでしたが、日本という国はどん底まで落ちると救世主が現れるんですね。

国家将に滅びんとするや必ず妖孽あり

田口　『中庸《ちゅうよう》』に「国家将《まさ》に興《おこ》らんとするや、必ず禎祥《ていしょう》あり」という言葉があります。日本から突き抜けた若者が次々と登場しているのはまさに禎祥、よい兆しだと思います。しかしこの言葉は、「国家将に滅びんとするや、必ず妖孽《ようげつ》あり」という言葉と対になっていますね。国が滅びる時には必ず不吉な前兆があると。いまの日本には禎祥と妖孽の両方があって、気懸かりな兆しといえば、働き方改革ですよ。

日本には元々立派な勤労精神というものがあって、それによって明治の近代化も戦後の復興も成し遂げてきました。ところがこの頃はどうですか。ワーク・ライフ・バランスなんて格好いい言葉を使って、働き過ぎはいかん、働き過ぎはいかんと。こんなことを続けていたら、勤勉性という大切な特性が失われて、日本はダメになってしまいますよ。

北　もちろんブラック企業はよくありませんが、働くことは悪いものと捉える風潮が蔓延《まんえん》していくのはとても気懸かりですね。

自宅でリモートで仕事をする風潮も広がっています。上司や同僚と意見交換する場が限定的になってしまう点で、あまり多くなっては、一時的に生産性が上がったように見えても、個々の社会人としての能力や企業エンゲージメントが向上しない気がします。

大谷選手も一力さんも藤井さんも二十四時間、野球や囲碁、将棋のことを考えているはずです。スタートアップ企業だって仕事のことを二十四時間考えている。政府は最低賃金を全国一律千五百円まで引き上げよと言い、その一方でプレミアム・フライデーの導入まで呼びかけていますけど、実際のところそんなことをして中小企業が成り立つはずがない。無理な中小企業は淘汰《とうた》されればいいというのは傲慢《ごうまん》で愚かな暴言です。

田口　大谷選手にしろ、藤井さん、一力さんにしろ、きっと面白いんですよ、働くことが、自分の仕事が。本気で取り組んでいるからこそ、楽しいんだと思うんです。

横田　同じ字でも、「楽《らく》」と「楽しむ」では意味合いが全然違いますね。楽をしようというのはダメなんです。だけど、楽しんでいると楽になる。するとまた楽しみが増してどんどん高みにいくんです。

田口　荘子《そうし》も仕事の楽しさについて説いています。もっとこうしなければといった自分の要求に打ち勝って、卓越することこそ絶対自由の境地の源泉だと。

働くことは自己を高めていく修行

田口　日本人の勤勉性の淵源《えんげん》というのは、非常に深いものがありましてね。千利休は、茶の湯とは仏道修行であり、覚《さと》りを得るための道であると説いています。茶の湯に限らず、日本人は生け花を華道、武術の鍛錬を武道に高め、いまは野球道とか仕事道とか、何でも道にしてしまう。日本人の勤勉性の裏側にはそんなふうに、広大無辺な修行としての人生が広がっているんですよ。

禅にも「修証一等《しゅうしょういっとう》」という言葉がありますね。修行というのは覚りと同じことなんだと。

横田　おっしゃる通りです。日々のすべてが修行になるというのが日本の禅です。中でも江戸時代に武士から僧侶に転じた鈴木正三《しょうさん》は、働くことは自己を高めていく修行なのだと、労働に非常に大きな意味があることを説いています。

鈴木正三という人は、四歳の時に同い年の子供が死んだことから死について疑問を抱き、そして関ヶ原の戦い、大坂冬の陣、夏の陣に参戦しました。その体験から、命というのは、ただありがたい、ありがたいと言うばかりでは生きてこない。命を懸けることで本当の意味で生きてくるのだと実感し、独自の禅をつくり上げました。

正三は、坐禅《ざぜん》をすることだけが修行ではないと説きました。農民は、一鍬《ひとくわ》一鍬「南無阿弥陀仏、南無阿弥陀仏」と唱えながら畑を耕せば、大地も清まり、人間も清まり、この世界も清まっていくのだと。商人も同じです。正直に商いをして利益を得ることは、誠の道であると。労働は自己を高めていく覚りへの営みであると説いています。正三はそういう自分の哲学をたくさん本に書いていますから、多くの人に読まれて日本人の勤勉性や修養精神の形成に結びついていったのではないかと思います。

田口　その精神が、明治の近代化や戦後の復興を短期間のうちに実現する奇跡を生んだわけですね。

北　本当におっしゃる通りだと思います。そもそもワーク・ライフ・バランスという言葉自体がおかしいんですよ。ワークとライフは対立する概念ではなく、ワークはライフの重要な一部なのです。場合によってはライフ全体を決めてしまうほどの。それを対立する概念と捉えていることが、いまの働き方改革の根本的な問題だと私は思います。

先ほど申し上げたように、いまの日本は、企業エンゲージメントが世界で一番低いし、会社のために読書や研修を通じて自分を高めようとする社員の割合さえも、最下位に近いことが明らかになっています。つまり、会社人間はもうとうの昔に日本から絶滅してしまっているんです。働き方改革とか社畜とかいう言葉で、会社の言うことに唯々《いい》諾々《だくだく》と従うのは格好悪い、会社を辞めてどこでも勝負できるように個人キャリアを積むことが格好いい生き方なんだという無責任なマスコミの喧伝《けんでん》に乗せられた結果、組織で力を合わせて一つの目標に向かっていく喜びや、必死に仕事することで自分自身を高めていく美徳をこの国は見失ってしまっているのです。よりによって、生産労働人口が急減していこうとしているこの時に。

田口　嘆かわしいことですね。

北　私はこの風潮に非常に危機感を覚えましてね。評伝作家として誰を書いてこの危機感を訴えようかと考えて、稲盛和夫さんを選んだんです。

稲盛さんは、一所懸命働く中で自分の魂を磨き、生まれた時より少しでも美しい魂で生を終えていくことこそが人生の目的であると語っておられます。そういう人生観を元に、彼は京セラを創業し、第二電電を立ち上げ、ＪＡＬの再建を果たし、さらに京都賞や盛和《せいわ》塾などを通じて社会に多大な貢献をされました。

そういう稲盛さんの生き方に学んで、一人ひとりが自分の仕事に一所懸命取り組み、心を磨いていくことを思い出すことこそが、日本の再起の道だと私は思うんです。

横田　円覚寺の釈宗演老師がいまから百年前にこう説いています。

「アメリカ合衆国から自分第一（ファースト）という個人主義が輸入されて恐ろしい勢いで跋扈《ばっこ》し始めた。この思想の勢いは防止することができない。ナニモ個人主義カニモ個人主義といちいち自分中心にして割り出す。これが高じてくると危険思想にもなるのです」

釈宗演老師は大正時代に、いまの日本の状況を見抜くようなことを言っているんですよ。そしてこう続けています。

「我が日本人の思想としては何が中心にならなければならないかといえば、それは『感恩《かんおん》の精神』（おかげさまと恩に感ずること）とでもいうべきものではないでしょうか」

これこそが、いま私たちが大切にすべき日本人らしさと思います。

一つ一つを丁寧に真心込めてやればそれでよし

田口　いまのお話を言い換えると、人間はどう生きたら命を授かった甲斐《かい》があるかということだと思います。それを人生論に落とし込んでくれたのが、江戸時代の思想家で石門心《せきもんしん》学《がく》の祖である石田梅岩《ばいがん》だと思うんです。

商人の道を説いた梅岩が非常に強調したのが、精神的価値です。金銭的満足を越える精神的喜びというものがあるんだと。例えば反物を二つに分ける時に、織りのよいほうを相手に与える。それで損をするかというと、決してそんなことはない。相手によいものを与えたという満足が得られるんだと。その満足は、金銭的満足より遥《はる》かに尊いものだというんですね。

そして梅岩は、正直、倹約、精勤《せいきん》の三つを繰り返し説きました。まず、正直。正直という心を忘れなければ絶対的存在と交流できる。その喜びは筆舌に尽くしがたいものがあるというんですね。

横田　鈴木正三も「身命を天道に抛《なげうっ》て、一筋に正直の道を学べし」と説いています。「正直の人には、諸天のめぐみふかく、仏陀神明の加護有《あり》て、災難を除き、自然に福をまし、衆人愛敬、不浅《あさからず》して万事心に可叶《かなうべし》」と。身命を抛つんですね。そこに正直があるのだと。

田口　梅岩が次に説いたのは倹約です。彼の説く倹約はケチることではありません。私が使っていた三つを二つにしたら、残りの一つは世界の誰かを満足させるのだと。分かち合う精神です。いまでいうシェアリング・エコノミーの本質を説いていたんです。

それから、精勤。勤勉のことですね。これは人として生まれたる意義と言っているわけです。

梅岩は、この正直、倹約、精勤を通して、命の尊さを説いていると思うんです。いかに自分が生まれてきた意義を感じながら生き通すかと。これが後の二宮尊徳や渋沢栄一といった人々の考え方にも大きな影響を及ぼしていると思いますね。

北　二宮尊徳の報徳《ほうとく》思想は、「至誠・勤労・分度《ぶんど》・推譲《すいじょう》」からなっていますけど、一番最初に「至誠」を挙げていることが重要だと思うんです。つまり、利己心から始まったものは絶対にサステナブルであり得ないことを彼は言っているわけです。そういう二宮尊徳のことを、後の渋沢栄一も稲盛和夫さんも大変尊敬していました。稲盛さんは尊徳の「至誠の感ずるところ、天地もこれが為に動く」という言葉をよく引用されていました。

横田　至誠は勤勉の根本でもあると私は思います。『中庸』に「至誠息《や》むなし」とありますように、至誠はじっとしていない。絶えず息まざる活動の中にある。そして「息まざれば則《すなわ》ち久しく、久しければ則ち徴《しるし》あり」で、久しく続くからよい兆しが現れてくる。この至誠は、まさしく日本人の精神の根本をなすものだと思います。

田口　以前、ある禅僧に「正しい修行とは、どういうものでしょうか？」と尋ねたことがありましてね。その方は「一つ一つを丁寧に、真心込めてやればそれでよし」とおっしゃったんです。日本人が取り戻すべきものはやはり誠実、これに尽きるんじゃないでしょうか。

日本人は人類進化の完成形

北　きょうは日本の抱える問題点がいろいろと浮き彫りになってまいりましたが、ここから二〇五〇年に向けて日本が底力を発揮していくために、人類学の観点からご紹介したい話があります。

二〇二三年と二〇二四年に、ＮＨＫが日本人の起源についてのドキュメンタリー番組を放映しましてね。人類はアフリカで誕生して、ヨーロッパやアジアを移動しながら進化を重ねてきたと。そしてその移動の終着点であり、進化の完成形に達した個体が集まっているのが日本であることが分かってきたそうなんです。

それから、最近『ヒトは家畜化して進化した』という本がものすごく注目されています。

ここでいう家畜化というのは、協力的なコミュニケーションのことで、ネアンデルタール人はそういう能力に乏しかったので、大きな集落をつくったり、マンモスのような大きな獲物を獲ったりすることができなかったそうなんです。そして我われ日本人の先祖は、協力的なコミュニケーションができるように進化した現生人類の中でも、とりわけそれに長《た》けた集団だったと。

この進化の特長は、日本人らしさに現れていると私は思うんです。世界が異なる宗教間で争いを繰り返している中で、日本は神道と仏教の壁を見事に乗り越えた。これはまさに協力的コミュニケーション能力の賜物だと思うんです。「十七条憲法」の「和を以て貴しとなす」に象徴されるこうした日本の素晴らしさを、我われは失ってはならないし、若い人たちにももっと伝えていくべきだと思うんです。

田口 実に興味深いお話ですね。我われ日本人の美点を人類学が裏づけてくれているのを知るだけでも、随分自信が湧いてきますよ。

横田 日本人が劣っているかのような思い込みもございますが、こういうお話を通じて早く脱却しなければなりませんね。

いまのお話にも関連すると思いますが、小泉八雲が一八九〇年に来日した時にこう言っております。

「日本人のように、幸せに生きていくための秘訣《ひけつ》を十分に心得ている人々は、他の文明国にはいない。人生の喜びは、周囲の人たちの幸福にかかっており、そうであるからこそ、無私と忍耐を、われわれのうちに培う必要があるということを、日本人ほど広く一般に理解している国民は、他にあるまい」

　幸せに生きるということは、周りを幸せにすることであるという考え方が、日本人に沁みついていることに八雲は驚いたんですね。そしてそのためにも、無私と忍耐を培う必要があることを理解しているのだと。こういう考え方も大切にしていかなければならないと思いますね。

日本が富国有徳の国になるために

北　とても重要な視点だと思います。福沢諭吉は「この人民にしてこの国家あるなり」と説きました。国民のレベルが低ければ政治家のレベルも高くなりませんし、いい国家になるはずもない。いま横田老師がおっしゃった、周りを幸せにしようという精神性や、無私、忍耐といった特質を取り戻していくことは、日本が底力を発揮していく上でとても大切だと思います。

その意味でも二〇五〇年に向けて取り組むべき重要課題は、やっぱり教育ではないかと私は思います。『管子《かんし》』に「一樹百獲《いちじゅひゃっかく》」とあるように、人を育てることは未来に最も大きな実りをもたらしますからね。

田口 私も同感です。

北 そしてそのためには、教師の質を上げていくことが急務です。

先ほど、いまの日本には親や教師への敬意がないというデータをご紹介しましたが、学力ランキングで世界上位の常連であるフィンランドでは、子供たちがなりたい職業に必ず教師が入っているそうです。日本も教師の質を上げていけば、それに憧れて教師になりたい子供たちも増え、さらに教師の質も上がっていく。こうしたよいスパイラルを回していくことで、社会全体がよくなっていくと思うんです。

二宮尊徳は「積小為大《せきしょういだい》」を説きました。小さなことでもコツコツ積み上げていくことによって高みに登るんだと。私はこの言葉はもう一つ、国民がよい方向にベクトルを合わせると、国もよい方向へ向かうことも示唆していると思うんです。我われ一人ひとりが自分を高め、一隅《いちぐう》を照らしていくことによって、富国有徳の国づくりを成し遂げていかなければばなりませんね。

田口　おっしゃる通りで、日本の未来の鍵を握るのはまさしく教育であり、それを担う教師の質だと思います。

そこで私は、いまこそ我が国から失われた規範形成教育を復活させなければならないと考えて、二〇二五年の初頭に東洋思想指導者養成塾なるものを立ち上げることにしました。全国四十七都道府県で胎教、幼児教育を手がけ、そして小中高生を導いていく指導者を育成していく準備を、いま進めているところなんです。

戦前に台湾の近代化や関東大震災の復興に尽力した後藤新平は、「宇宙人生それ自身が倫理的な実在に他ならない」と言っています。宇宙の性質と人間の性質とを根拠としているのが道徳律で、仕事も人生も道徳律に則ってやっていると、宇宙の自然律と適合、調和して必ず成功するんだと。

私は、この度立ち上げる養成塾でこの精神を追求していきたいんです。そして我われ一人ひとりがこの言葉を心に刻んで歩んでいくことで、日本は国力も心の豊かさも兼ね備えた富国有徳の国に必ずなると確信しています。

横田　私はきょうお二人から学んだことを踏まえて、修行や道を学ぶことがいかに楽しいものであるかを身を以《もっ》て示していくことが、自分の務めのすべてであると覚悟を新たにいたしました。

命の尊さを自覚し、自分が思い定めたものに命を懸ける。そして、そこに喜び、楽しみを見出していく。そんな私の姿を見た若い人たちが、「管長が楽しそうに修行しているから、自分もやってみよう」と後に続き、それが少しでも国をよくしていくことに繋がっていけば本望です。

ささやかではありますけれども、それが二〇五〇年という日本の未来を見据えた、私自身の実践と心得ております。

〈監修者紹介〉

藤尾秀昭（ふじお・ひであき）

昭和53年の創刊以来、月刊誌『致知』の編集に携わる。54年に編集長に就任。平成4年に致知出版社代表取締役社長に就任。現在、代表取締役社長兼主幹。『致知』は「人間学」をテーマに一貫した編集方針を貫いてきた雑誌で、令和5年、創刊45年を迎えた。有名無名を問わず、「一隅を照らす人々」に照準をあてた編集は、オンリーワンの雑誌として注目を集めている。主な著書に『小さな人生論1～5』『小さな修養論1～5』『小さな幸福論』『心に響く小さな5つの物語Ⅰ～Ⅲ』『小さな経営論』『プロの条件』『はじめて読む人のための人間学』『人生の法則』（いずれも致知出版社）など。

二〇五〇年の日本を考える

令和七年三月二十五日第一刷発行

監修者　藤尾　秀昭

発行者　藤尾　秀昭

発行所　致知出版社

〒150-0001東京都渋谷区神宮前四の二十四の九

TEL（〇三）三七九六―二一一一

印刷・製本　中央精版印刷

落丁・乱丁はお取替え致します。（検印廃止）

ISBN978－4－8009－1327－2 C0030

ホームページ　https://www.chichi.co.jp

Eメール　books@chichi.co.jp

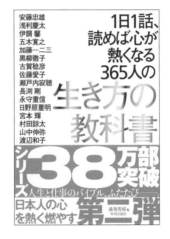